Gottfried Sonnefeld

Stilistisches und Wortschatz im Beowulf

Gottfried Sonnefeld

Stilistisches und Wortschatz im Beowulf

ISBN/EAN: 9783743610767

Hergestellt in Europa, USA, Kanada, Australien, Japan

Cover: Foto ©Thomas Meinert / pixelio.de

Manufactured and distributed by brebook publishing software
(www.brebook.com)

Gottfried Sonnefeld

Stilistisches und Wortschatz im Beowulf

Stilistisches und Wortschatz

im

Beówulf,

ein Beitrag zur Kritik des Epos.

von

Inaugural-Dissertation

der

philosophischen Facultät

der

Kaiser - Wilhelms - Universität Strassburg

zur

Erlangung der Doktorwürde

vorgelegt von

Gottfried Sonnefeld

aus

Eisfeld in Thüringen.

Würzburg.

Etlinger's Buchdruckerei (F. Fromme).

1892.

Genehmigt von der Facultät am 4. März 1893.

Es ist mir nicht nur ehrenvolle Pflicht, sondern Herzensbedürfnis, auch an dieser Stelle meines leider so früh verstorbenen hochverehrten Lehrers, des Herrn Professor Dr. **B. ten Brink**, in inniger Dankbarkeit zu gedenken. Er führte mich in die Wissenschaft der Anglistik ein und war mir fortan ein wohlwollender Berater. Ihm verdanke ich auch die Anregung zur vorliegenden Arbeit, für deren Vollendung Rat und Tadel seines Nachfolgers, des Herrn Professor Dr. **A. Brandl**, mir schätzbare Fingerzeige waren. Seiner wohlwollenden Haltung und Herzensfreundlichkeit sei daher auch hier mit aufrichtigem Danke gedacht.

Der Verfasser.

enn ich im folgenden versuche, der Frage nach der Composition des Beówulf noch einmal von der sprachlich-stilistischen Seite her näher zu treten, so glaubte ich eine Berechtigung hierzu vornehmlich in den Ergebnissen Professor ten Brink's zu sehen [1]). Während durch dieselben die Resultate früherer Forscher zum Teil von neuem bestätigt und durch weitere Gründe gestützt werden, weicht doch ten Brink vor allem darin von seinen Vorgängern, auch von Müllenhoff ab, dass er für die einzelnen Lieder (ausser E) zwei von einander abweichende Versionen (eine ältere und jüngere) annimmt, welche, an verschiedenen Orten entstanden, bei der schriftlichen Aufzeichnung der Lieder künstlich ineinander verarbeitet worden seien. Hiermit war für eine Untersuchung gewisser Stileigenheiten, sowie des Formel- und Wortschatzes mit Berücksichtigung der Frage nach der Entstehung eine neue Grundlage geschaffen. Dies werden wir näher zu begründen versuchen, nachdem wir

---

[1]) ten Brink: Beówulf, Untersuchungen, Strassburg 1888.

den Stand der Compositionsfrage kurz dargelegt
haben.

In der Hauptsache kommen zwei Theorieen in
Betracht: die Vertreter der einen sehen im Beówulf
das einheitliche Werk eines Dichters, die
anderen nehmen mehrere Verfasser an, die zu verschiedenen Zeiten thätig gewesen sind.

Nachdem bereits Ettmüller[1]) den einheitlichen Charakter der Dichtung bezweifelt hatte,
wurde von Müllenhoff[2]) zuerst in einer ausführ-
lichen Untersuchung jene zweite Ansicht eingehend
zu begründen versucht. Er teilt das ganze Gedicht
in folgende Abschnitte:

Einleitung bis Vs. 193.

I. Beówulfs Kampf mit Grendel 194—836.

II. „ „ „ Grendels Mutter 837—1628.

III. „ Heimkehr ins Gautenland 1629—2199.

IV. „ Kampf mit dem Drachen und sein
Tod 2200—3183.

Den Anteil der einzelnen Dichter an dem Werk
denkt sich Müllenhoff so, dass der I. und IV. Teil
2 alte Lieder von verschiedenen Verfassern reprä-
sentieren. Zum I. Teil wurde dann wieder von verschiedenen Händen erst der Kampf Beówulfs mit
Grendels Mutter, dann die Einleitung hinzugefügt.
Ein fünfter Dichter, von Müllenhoff A genannt,
verfasste als weitere Fortsetzung den III. Teil:
Beówulfs Heimkehr und interpolierte gleichzeitig,
um seine Dichtung anknüpfen zu können, die Teile
I und II. Ein letzter Dichter B verband das zweite

---

1) Ettmüller, Uebersetzung des Beówulf; Zürich 1840.
2) K. Müllenhoff: Zeitschr. für deutsch. Altertum XIV,
S. 193 ff. u. später „ : Beówulf-Untersuchungen, Berlin 1889.

alte Lied, den Drachenkampf, mit den von A zu-
sammengefügten Teilen und erweiterte das ganze
Werk durch Einschaltungen grösserer Episoden,
zum Teil aus andern Sagenkreisen und durch theo-
logisierende, meist schlechte Zusätze. Der Drachenkampf soll, wenn er auch den Kampf mit Grendel
voraussetzt, doch nicht viel später als dieser entstanden sein; ebenso kann die Thätigkeit der beiden Interpolatoren A und B nicht weit auseinander
gelegen sein. Die Entstehung will Müllenhoff
in die Zeit Cædmon's, d. i. die 2. Hälfte des 7.
Jahrhunderts, oder eher noch früher verlegen. Betreffs der Heimat des Epos schwankt er zwischen
Westsachsen und Anglien.

Auf Grund dieser Ergebnisse machte A. Schönbach[1]) den Wortschatz zum Gegenstand einer besonderen Untersuchung und glaubte, die sich vor-
findenden Differenzen im Wortgebrauch der einzelnen
Teile des Beówulf nur dann erklären zu können,
wenn Müllenhoffs Ansicht von der Entstehung
des Gedichtes richtig sei.

Dagegen erfuhr diese sogenannte Liedertheorie
eine erste schroffe Ablehnung durch Hornburg[2]),
der im vorliegenden Werk eine einheitliche Arbeit
eines Verfassers erkennt, die von späteren Dichtern
noch Zusätze, Umänderungen und Verbindungen
erhalten habe. Zu einem ähnlichen Schluss gelangte
auch Schemann[3]), der in seiner Zusammenstellung
synonymer Nomina gelegentlich auch den Wort-

---

[1]) A. Schönbach, Anzeiger für deutsches Altertum III.
Seite 44. ff.

[2]) Hornburg: Die Composition des Beówulf, Herrigs Archiv,
Band 72, Seite 333 ff.

[3]) K. Schemann, die Synonyma i. Beówulfliede, Hagen 1882.

gebrauch der einzelnen Abschnitte nach Müllenhoff vergleicht und eher vielfache Uebereinstimmung, als wesentliche Unterschiede in der Ausdrucksweise der einzelnen Verfasser findet. Er schreibt
das Epos einem Geistlichen zu. Eine teilweise Bestätigung und in gewissem
Sinne eine Erweiterung der Resultate Müllen-
hoffs enthalten die Untersuchungen H. Möllers [1])
der in dem II. Abschnitt (Kampf mit Grendels Mutter)',
eine Verschmelzung zweier Lieder erkennt, nämlich
einer Fortsetzung des älteren I. Teils (die von Beówulfs Belohnung handelt) und eines weiteren selbst-
ständigen Liedes, das den Kampf Beówulfs mit
Grendels Mutter zum Gegenstand hatte. [2])

Auch F. Schneider [3]) nimmt Anstoss an dem
einheitlichen Charakter des II. Teiles und sucht darin die Verarbeitung zweier inhaltig verschiedener
Versionen nachzuweisen.

---

[1]) H. Möller: Das altenglische Volksepos, Kiel 1883.

[2]) Wie eine neuere Arbeit Möllers auf dem Gebiet der
Beówulfforschung, nämlich seine Kritik der Untersuchungen ten
Brinks Engl. Stud. XIII. Bd. erkennen lässt, stimmt seine (M.'s)
Ansicht über die genetische Entwicklung des Beówulfepos im wesent-
lichen mit der ten Brinks überein (cf. Möller a. a. O. S. 314.) Abweichend von diesem nimmt Möller für alle Teile des Epos (also auch
für E) 2 Versionen an, deren Umfang im einzelnen er allerdings anders
als ten Brink bestimmt. U. a. denkt M. cf. S. 290 an eine zusammen-
hängende Version C, die das Gedicht von „Beówulfes sið Vs. 1—2199"
(nach M.) umfasste, „mit der Einlage vom Kampf mit Grendels Mutter
und mit den, wohl bei Gelegenheit der Aufzeichnung zu stande ge-
kommenen Zuthaten des Redactors selbst (ohne welche das Gedicht
bereits früher mit der Einlage im mündlichen Vortrag bestanden haben
muss), dagegen frei von Vermischungen mit Teilen der diesem C nach-
gebildeten jüngeren Version desselben Gedichtes und frei von allen
späteren Erweiterungen."
Aehnlich sollen B und D unter sich zusammenhängen.

[3]) F. Schneider: Der Kampf mit Grendels Mutter,
Berlin 1887.

In jüngster Zeit hat die Einheitstheorie wieder
einen eifrigen Vertreter in Sarrazin[1]) erhalten,
der aber im übrigen von allen Vorgängern insofern
abweicht, als er in unserm Epos eine Uebertragung
dänischer Sagen ins Altenglische durch Cynewulf
erblickt.

Erst durch ten Brinks Untersuchungen ist
die Beówulffrage zu einem vorläufigen Abschluss
gelangt. In der Theorie stimmt er wohl mannigfach mit Müllenhoff-Möller überein; wie weit
er von ihnen abweicht, mag am besten aus einer
Darlegung der Resultate seiner Untersuchungen
hervorgehen.

Das Ereignis, welches die Bildung der Beó-
wulfsage veranlasste, der Raubzug des Gauten-
königs Hygeläc, oder wie Gregor von Tours ihn
nennt, Chochilaicus,[2]) nach dem Gau der Hattuarier
am Niederrhein fällt etwa in das Jahr 515. Die
Gauten, anfangs siegreich, werden dann in einem
heftigen Kampfe, in dem ihr König fällt, zurück-
geschlagen. Bei diesem Rückzuge zeichnet sich
ein Gautenheld Beówulf aus. Die Verbindung dieses
historischen Momentes mit der altingwäonischen
Stammsage scheint bei dem Angelstamm vor sich
gegangen zu sein, der 547 nach Britannien über-
siedelte, im gleichen Jahr das Reich Bernicien und
im Jahr 559 Deira gründete. In Bernicien zuerst
fand zu Beginn des 7. Jahrhunderts ein grosser
Aufschwung der epischen Dichtung statt, und hier
wird wahrscheinlich um 620 das Lied vom Drachenkampf entstanden sein. Ten Brink nennt diesen

---

1) G. Sarrazin: Beówulf-Studien, Berlin 1888.
2) Vergl. Müllenhoff; B.-Untersuchungen S. 8.

ältesten Teil unserer Dichtung F. Diese wurde
auch in dem südlicher gelegenen Deira bekannt und
bewirkte ein neues Emporblühen des Epos. Hier
scheint der Kampf mit Grendel, wie er uns in der
älteren Version Á vorliegt, epische Gestaltung er-
langt zu haben.

Dieser wird um 655 in Mercien heimisch und
regt dort die Bildung einer neuen Dichtung X über
den Grendelkampf an, welche von der deirischen
Ueberlieferung abweichend, doch unter dem Einfluss von Á durch selbständige Ausgestaltung bald
nach diesem entstanden ist. Nun wurde gleichfalls in Mercien der Versuch gemacht, Á mit X zu
verbinden zu einer neuen Dichtung, in der man
auf Beówulfs Kampf mit Grendel noch einen solchen
mit dessen Mutter folgen liess. Diese Dichtung C
entstand etwa nach 655; durch sie wurde gleichzeitig Á auf den bis Vs. 836 reichenden Teil A der
Grendeldichtung begrenzt. Von diesen Abschnitten
A und C bildeten sich ebenfalls in Mercien etwa
um 680 jüngere Versionen B bezüglich D. Zur
selben Zeit wurde hier der jüngste Hauptteil des
Epos E, gedichtet, worin der Sänger zur Abwechslung Beówulf selbst seine Thaten am Hofe Hygelâc's
erzählen lässt.

Indessen waren die ältere Version F des
Drachenkampfes, sowie eine in Deira entstandene
jüngere G in Mercien bekannt geworden und F
war bald darauf, etwa um 690, mit den Versionen
A und C lose verknüpft und zugleich mit diesen
niedergeschrieben worden. Die jüngere G erfuhr
noch mehrere Zusätze und wurde in Verbindung
mit den übrigen jüngern Versionen B, D und E um

710 ebenfalls in Mercien aufgezeichnet. Im Verlauf
des 8. Jahrhunderts wurden beide Aufzeichnungen
noch zu einer Art Ganzem verwoben, indem der
Redaktor die ältere zu Grunde legte und, wo sich
Gelegenheit bot, Episoden aus der jüngern ein-
schaltete, jedoch o h n e e i g e n e Zusätze; solche
wurden erst später, zumal von dem letzten nennens-
werten Interpolator, einem Geistlichen, hinzugefügt,
dessen Thätigkeit t e n B r i n k auch noch in das 8.
Jahrhundert legt. Auf dieser mercischen Grundlage
beruht eine kentische Abschrift, welche ihrerseits
wieder Vorlage eines westsächsischen Schreibers
und so mittelbar in der II. Hälfte des 10. Jahrhunderts die der beiden Schreiber der uns erhaltenen
Cotton-Hs. bildete. Hiernach gestaltet sich der Inhalt der einzelnen Abschnitte folgendermassen:
    Á — die ältere deirische Darstellung des
Grendelkampfes — berichtet uns in etwa 591 Lang-
zeilen vom Kriegsglück des Dänenkönigs Hrôdgâr,
der in der neuerbauten Halle Heorot seine tapferen
Helden beim Gelage durch reiche Geschenke be-
lohnt, bis dem daselbst herrschenden Jubel durch
die nächtlichen Einfälle des Unholdes Grendel, der
mehrere Krieger mit Haut und Haar verschlingt,
ein jähes Ende bereitet wird. Alle Anstrengungen
der Dänen erweisen sich als machtlos gegen die
Riesenstärke eines Grendel; man räumt daher die
Halle, in welcher jener nächtlicher Weile ungestört
haust. Von dieser Not des Dänenvolkes erhält
Beówulf Kunde und, getrieben von übermächtigem
Thatendrang, eilt er dem Hrôdgâr, der früher
seinem flüchtigen Vater Ecgþeów Schutz gewährt
hatte, zu Hilfe. Von einem der Degen des Königs

zum Wortstreit gereizt, berichtet Beówulf, wie er schon in seiner Jugend den Breca, einen Helden der Brondinge, im Wettschwimmen überwunden und sich siegreich gegen die Meerungeheuer verteidigt habe. Durch diese Erzählung gewinnt unser Held das Vertrauen des Königs und seiner Krieger und gern erteilt ihm der Dänenfürst die nachgesuchte Erlaubnis, allein mit Grendel kämpfen zu dürfen. Mit Einbruch der Nacht stellt sich dieser, wie er gewohnt war, in Heorot ein ; teuflische Freude erfüllt ihn beim Anblick der stattlichen Helden. Sogleich ergreift er einen der schlafenden Krieger und verschlingt ihn. Unverweilt macht er sich an den nächsten, an Beówulf selbst. Wütender Ringkampf entspinnt sich, in welchem der Unhold bald genug die überlegene Heldenstärke seines Gegners zu fühlen bekommt, und deshalb dessen eisernem Griffe sich zu entwinden versucht. Zwar gelingt es dem todwunden Grendel zu entkommen, aber sein Arm, welchen Beówulf ihm aus der Schulter gerissen hat, muss als deutliches Siegeszeichen gelten

Heller Jubel erfüllt wieder die Halle, in der man den Sieg durch neue Zechgelage feiert, wobei Hrôdgâr die Gauten in reichster Weise beschenkt. Nachdem man sich in herzlicher Weise verabschiedet hat, erfolgt die Rückfahrt ins Gautenland.

Im ganzen dasselbe wird B berichtet haben, nur zeichnet sich diese jüngere Version durch ein regeres Interesse für die dänische Königsfamilie aus, wie die Einschaltung der Wealhþeów-Episode erkennen lässt.

Anders der Abschnitt X, der von einem Abenteuer Beówulfs auf dem Meeresgrunde zu erzählen
weiss. Kaum haben sich die Helden in Heorot nach
den Freudengelagen zur Ruhe begeben, als Grendels
Mutter, um ihren Sohn zu rächen, dort einbricht
und trotz allen Widerstandes der Dänen Aeschere,
den Lieblingshelden und vertrauten Ratgeber des
Hrôdgâr, mit fortschleppt. Wieder herrscht Trauer
in der Königsburg; der König selbst benachrichtigt
Beówulf von dem neuen Unheil und verhehlt ihm
nicht, dass er sich nur von ihm Hülfe verspreche.
Der Gautenheld ist sofort bereit, den Kampf gegen
den neuen Feind aufzunehmen. Er eilt mit der
dänischen und gautischen Kriegerschar dem Gren-
delmeer zu, einem sumpfigen Gewässer, dessen
blutigrote Wogen von Seedrachen und anderen
Meerungeheuern durchfurcht werden. Alle beschleicht
ein Grauen an dieser Stätte, nur Beówulf zeigt
nach wie vor seinen Heldenmut. Nachdem er für
den Fall, dass der Kampf ihn dahinrafft, seine Gefährten der Fürsorge Hrôdgâr's empfohlen, stürzt
er sich in die grausige Flut, wo er bald von der
Meerwölfin, d. i. Grendels Mutter, ergriffen und
nach deren Behausung geschleppt wird. Näheres
über einen Kampf wird uns nicht berichtet; wir
müssen aber wohl annehmen, dass unser Held als
Sieger aus demselben hervorgeht. Denn mittelst
eines alten Riesenschwertes, das ihm von der Wand
entgegen leuchtete, haut er Grendels Haupt ab
und bringt es als Siegestrophäe mit an die Ober-
fläche des Sees. Hier zeigt der Abschnitt X eine
Lücke, die vermutlich durch eine Schilderung des
Kampfes auf dem Meeresgrunde ausgefüllt war.

Wir hören nur noch vom Jubel der Dänen, als sie
Grendels Haupt, das 4 Krieger nach der Halle geschleppt hatten, erblickten.

Hiermit wurde in C ein jüngerer Bericht D
zur Ergänzung verarbeitet, bei welchem wir, wie
in B, eine gewisse Vorliebe für Einschaltung von
Episoden aus verwandten Sagenkreisen, so vom
Wälsing Sigmund, vom Kampf um Finnsburg etc.
gewahren.

Im jüngsten Teil E tritt Beówulf am Hofe
Hygelác's selbst als Berichterstatter seiner Fahrt
nach dem Dänenlande und der dort bestandenen
Kämpfe auf, bringt dem König alle seine Klein-
odien zum Geschenke dar und wird dafür von
diesem zum Mitregenten ernannt.

Die Abschnitte F und G bringen nun den
tragischen Schluss, wieder inhaltlich in einigen
Punkten von einander abweichend.

Beówulf, der mittlerweile Gautenkönig geworden
war, muss an seinem Lebensabend nach einer
50 jährigen glücklichen Regierung gegen einen
Drachen, den Hüter eines Schatzes, zu Felde ziehen,
der aus Rache dafür, dass man ihm ein wertvolles
Stück geraubt, arge Verwüstungen im Lande an-
richtet und u. a. die Halle Beówulfs zerstört. Im
Kampf mit dem feuerspeienden Ungetüm sieht sich
der König nur von Wígláf dem letzten Spross
seines Geschlechtes, unterstützt, während die übrigen
Gautenkrieger feig entfliehen. Nach heisem Kampfe
gelingt es den beiden Helden, den Drachen zu
töten, doch auch Beówulf ist tödlich verwundet. Er
fühlt sein Ende nahen, hat aber noch die Genug-
thuung den Schatz, welchen er seinem Volke mit

seinem Leben erkauft hatte, zu schauen. Sterbend
ernennt er Wigláf zu seinem Nachfolger und über-
giebt ihm als kostbarste Erbstücke Brünne und
Helm. Das inzwischen herbeigekommene Gefolge
findet seinen Herrn bereits tot vor und beeilt sich
nun, seinen letzten Wunsch, betreffend seine Be-
stattung auf Hrones n×s, zu erfüllen. Auf einem
weithin sichtbaren Felsen lodert der Leichenfeuer
grösstes empor, dessen gierige Gluten den milden
und menschenfreundlichen König mit all den
Schätzen der Drachenhöhle verschlingen, während
die Gautendegen unter Klageliedern und Lobge-
sängen den Hügel umreiten.

So die ältere Version F; von der sich G vor
allem durch Detailmalerei unterscheidet, wobei sie,
ähnlich wie die übrigen jüngeren Dichtungen B und
D, gern Episoden, wie den Zug Hygeläc's nach dem
Friesenland, oder die Fehde mit Eádgils und Eád-
mund einschaltet. Anspielungen auf frühere Abenteuer Beówulfs begegnen wir nur in G, so wird
in den Vs. 2351 f. und 2518 f. auf den Grendelkampf Bezug genommen [1]).

Bei dieser Verteilung des Stoffes auf die verschiedenen Dichtungen, wie ten Brink sie vorge-
schlagen, ist nicht wohl zu verkennen, dass ähnliche
Situationen und Kampfesscenen in allen Teilen
wiederkehren und somit einen Vergleich ihrer Darstellung gestatten.

Für diesen ist wichtig die Entstehung an gesonderten Orten, wie wir dieselbe oben dargelegt

---

[1]) Ueber den Umfang der einzelnen Versionen vergleiche man
den Anhang.

haben. Daraus ergiebt sich die Frage, ob wir dem-
gemäss eine verschiedene Darstellungsweise innerhalb einzelner Versionen erwarten dürfen. Es
scheint dies nicht ohne weiteres der Fall zu sein;
denn wir müssen uns vergegenwärtigen, dass in
jener Zeit „das Produkt der dichterischen Thätigkeit nicht das Eigentum, nicht die Leistung eines
Einzelnen, sondern der Gesammtheit war", dass
„Stoff, Ideen, ja Stil und Versmass gegeben waren"
und dass „das Werk des Einzelnen nur als ideeller
Besitz der Gesammtheit fortlebte und gar bald das
Gepräge der Individualität verlor."[1]) Doch müssen
wir auch wieder erwägen, dass in einem Gedicht,
welches seine Entstehung einem gewissen Kreis
verdankte, wohl nicht allein die Anschauung dieser
Gesammtheit sich wiederspiegelte, sondern auch in
der ihr eigenen Weise zum Ausdruck gelangte, dass
man z. B. denselben Stoff in Bernicien in anderer
Weise besungen habe als in Deira oder in Mercien.
Wenn auch den einwandernden germanischen
Stämmen derselbe Ideenkreis und hiermit eine allen
gleiche Art, diesen zu äussern, eigen war, so trat
doch mit der Gründung der einzelnen Reiche eine
Differenzierung ein, welche teils durch die nunmehr
verschiedenartigen Interessen, teils durch die ge-
ringere oder grössere Machtentfaltung des Königtums, teils auch durch die Begünstigung oder die
Abneigung, welche man in den verschiedenen Ge-
bieten dem Christentum zu Teil werden liess, her-
vorgerufen wurde. So scheint uns von vornherein
die Möglichkeit und damit auch die Berechtigung

---

[1]) cf. ten B r in k, Geschichte der englischen Literatur. S. 17 f.

gegeben, aus einer verschiedenen Darstellung einen
Unterschied in der Lokalisation mehrerer Dichtungen zu erschliessen.

Hiernach würde sich für die Abschnitte unseres
Beówulfepos folgendes ergeben:

Eine gewisse Uebereinstimmung in Anschau-
ung und Stil wäre zu erwarten zwischen den
jüngeren Versionen B, D, E und teils auch C und
X, die alle in Mercien entstanden sein sollen, gegenüber jenen beiden älteren Darstellungen Á und F.
Diese zwei, wiederum verschieden lokalisiert, müssten
irgend welche charakteristische Unterschiede aufzuweisen haben. Ungenau wäre das Verhältnis von
G, welches, weil in Deira entstanden, Anklänge an
Á ferner an F, andererseits aber infolge mercischen
Einflusses auch Aehnlichkeiten mit der Gruppe B,
D, E vermuten liesse. Ein Bild vom Stil der Interpolationen zu gewinnen, wird umso schwieriger
sein, als meist mehr einzelne Sätze als zusammen-
hängende Stücke eingeschoben wurden, und man
wohl annehmen darf, dass es Bestreben der Interpolatoren gewesen sei, ihre Zuthaten bezüglich der
äusseren Form möglichst ihren Vorlagen anzupassen,
während dies betreffs des Inhaltes nicht beabsichtigt
sein konnte oder nicht möglich war. Es lässt sich
in einzelnen Einschaltungen (besonders religiöser
Art) eine gewisse Tendenz nicht verkennen; doch
wird man aus einer Uebereinstimmung oder Verschiedenheit der äusseren Form jener interpolierten
Stellen kaum einigermassen sichere Schlüsse ziehen
können. Wir werden uns also darauf beschränken
dürfen, auf vorkommende Stileigenheiten gelegentlich hinzuweisen und den Formel- sowie Wortschatz

der Vollständigkeit wegen vorzuführen. — Es be-
darf wohl nicht der näheren Begründung, dass
einerseits Belege für Anklänge oder Unterschiede
zwischen den einzelnen Abschnitten weitere Stützen
für ten Brinks Theorie zu geben vermögen,
während andererseits ein Mangel solcher an sich
noch keineswegs gegen jene Ansicht sprechen
würde. Jedenfalls aber dürfen wir hoffen, durch
unsere Arbeit einen Beitrag zur Kenntnis des altenglischen Epenstiles zu liefern.

Stilistisches.

Eine Darstellung des altenglischen Epenstils
überhaupt liegt nicht im Rahmen unserer Arbeit
und kann von uns umso weniger beabsichtigt sein,
als dieser Gegenstand schon mannigfach Bearbeit-
ungen gefunden hat, so in grossen Zügen von
Müllenhoff und ten Brink[1]) in ihren beider-
seitigen Untersuchungen über Beówulf, specieller
von Heinzel, über den Stil der altgermanischen
Poesie, Strassburg 1875; A. Hoffmann, der bildliche Ausdruck im Beówulf und in der Edda, Engl.
Studien VI. S. 163 ff.; F. Gummere, the Anglo-
saxon metaphor, Halle 1881, Arndt, die altgermanische epische Sprache; und R. M. Meyer, die
altgermanische Poesie nach ihren formelhaften
Elementen.

Wir können uns vielmehr darauf beschränken
zu untersuchen, ob gewisse das altenglische Epos
kennzeichnende Stileigenheiten sich in allen Abschnitten des Beówulf in gleicher Weise ausgeprägt

---

1) cf. auch ten Brink. Gesch. d. engl. Litteratur. S. 23. ff.

finden oder Unterschiede bemerkbar sind, die für die Eigenart einer geistigen Sphäre bezüglich der aus derselben hervorgegangenen Dichtung sprechen könnten.

Charakteristisch für das angelsächsische Epos kann einerseits ein Mangel gewisser Stilformen gegenüber anderen, besonders den klassischen Epen sein, dann vor allem Erscheinungen, die n u r der altenglischen Ependichtung eigen sind.

Eine Thatsache, auf welche schon öfter hingewiesen worden, ist die, dass im Gegensatz zur klassischen und altnordischen Poesie die altenglische V e r g l e i c h e nicht liebt. Nur an wenigen Stellen älterer wie jüngerer Abschnitte werden bescheidene Versuche gemacht, eine Eigenschaft eines Gegenstandes durch Vergleichung zu veranschaulichen, wie etwa, wenn das die schäumende Flut durcheilende Schiff mit einem Vogel verglichen wird;

A. 217—8:[1]

  gewát þá ofer wǽg-holm, winde gefýsed
  flota fámig-heals fugle gelícost.

oder das Funkeln von Grendel's Augen mit der lodernden Glut:

A 726—7:

  him of eágum stód
  ligge gelícost leóht unfæger.

oder C 984—5:

  foran ǽghwylc wæs,
  stéda nægla stýle gelícost.

oder C 1608:

  þæt hit (sweord) eal gemealt íse gelícost.

Kaum wird versucht, das Bild weiter auszuführen oder statt des einfachen »gelícost« eine andere Form zu bringen, so in bescheidener Weise in

---

[1] Ich citiere die Verse wie G r e i n und H o l d e r in ihren Ausgaben des Beówulf.

X 1570—2:

> lixte sê lêoma, lêoht inne stôd
> efne swâ of hefene hâdre scîneđ
> rodores candel.   cf. auch C 1283—4 f.

Diese spärliche Verwendung des Vergleiches hat man verschiedentlich zu erklären versucht.[1]) Beachtenswert ist auch, was A. Hoffmann a. a. O. S. 198. 201 f. bemerkt, dass das Gleichnis in der nordischen Poesie die leidenschaftlichen Gefühle der Helden in starker Weise ausdrücken soll. Diese Leidenschaftlichkeit hat sich aber im altenglischen Epos abgeschwächt bis zur Gefühlsweichheit (gewiss nicht ohne den Einfluss der christlichen Lehre).

Diese, sowie die infolge der beständigen Wiederholungen unruhig wogende Art der Darstellung konnten einer Entwicklung des Vergleichs nicht gerade förderlich sein. Doch ist die altenglische epische Dichtung verhältnismässig reich an sonstigem Bilderschmuck. Eine hervorragende Lebhaftigkeit der Schilderung wird herbeigeführt namentlich durch die **Personifikation lebloser Gegenstände**, wie der Waffen, der Schiffe etc.; z. B. wenn es heisst:

A. 301—3:

> flota stille bâd,
> seômode on sâle sidfæþmed scip,
> on ancre fæst.

oder A 307—8:

> lætađ hilde-bord hêr onbidan,
> wudu wæl-sceaftas, worda geþinges.   B. 81—82.

Ganz ähnlich wie in A wird auch in C das Verankern des Schiffes zu einem Bilde ausgeführt:

---

1) cf. H e i n z e l, a. a. O. S. 25. G u m m e r e, a. a. O. S. 9. f. t e n B r i n k, Engl. Litteratur. S. 24. f.

C 1882—3:

> sæ-genga bād
> ágend-freán, sĕ-þe on ancre rád.

Be'sonders häufig ist das S c h w e r t und seine Thätigkeit personifiziert gedacht, so:

D 1463—4:

> nxs þæt forma sîd, þæt hit (sweord)
> ellen weorc æfnan scolde.

D 1527—8:

> þá wxs forma sîd
> deórum mâdme, þæt his dôm âlxg   cf. D 1106.

F 2506—9:

> ne wxs ecg bona,
> ac him hilde-gráp heortan wylmas,
> bân-hûs gebrxc. Nû sceall billes ecg,
> hond ond heard sweord ymb hord wígan.

vergl. weiter F. 2577—8. 2678—80. 2258—60. G. 2356—8 C. 1566—7. X 1443 ff.

> Scolde here-byrne hondum gebröden,
> sîd on searo-fâh sund cunnian,
> scó-þe bân-cofan beorgan cúde, etc.

cf. X 1423f. A. 518—9. 579—80. 320—1 interp. 284—5.

Auch in dem Nahen und Scheiden von Abend und Morgen war man gewöhnt, die Erscheinung höherer Wesen zu sehen, weshalb die verschiedenen Tageszeiten meist personificiert gedacht sind; dies wird ganz besonders deutlich in

A. 649—51:

> Wôd þá[1]) nipende niht ofer calle
> scadu-helma gesceapu scrídan cwóman,
> wan under wolcnum.

vergl. auch A 115. 1789. G. 2306. F. 2303. C. 1235. E. 2103. 2116. 2125.

Auch Naturelemente und Naturerscheinungen werden in ähnlicher Weise poetisch aufgefasst; so heisst es von dem alles verschlingenden Feuer:

---

1) Emend v. Ten Brink für opde.

F. 3114—5:

> nû sceal glèd fretan,
> weaxan woma lêg wigena strengel.

cf. F. 3014—5. G. 2652.

Im Regen sieht man Thränen des Himmels:

X. 1375—6:

> ôð-þæt lyft drysmaþ, roderas réotað

Der Winter schlägt die Wogen in Fesseln:

D. 1131 f.

> holm storme weól,
> won wið winde, winter ýðe beleác
> îs-gebinde.

Schon hier spricht sich eine Neigung aus, Sinnliches zu vergeistigen, was gerade der angelsächsischen Poesie eigen ist. Deutlicher noch tritt dies Bestreben da hervor, wo Schmerzeslaute in poetischer Weise als „Lied" bezeichnet werden, z. B.

B 782—7·

> Swêg ûp ástág,
> nîwe geneahhe: Nord-Denum stôd
> atelíc egesa, ánra gehwylcum,
> þára-þe of wealle wôp gehŷrdon,
> gryre-leóð galan godes and-sacan,
> sige-leásne sang.

Auch in den Interpolationen findet sich dieses Bild, so z. B.

Vs. 2444 f.

> swâ bið geômorlic gomelum ceorle
> tô gebîdanne, þæt his byre ríde
> giong on galgan, þonne hè gyd wrece
> sárigne sang.

oder einige Verse weiter, gleichfalls an interpolierter Stelle:

2460—1:

> Gewîteð þonne on sealman, sorh-leóð gæleð
> án æfter ánum: cf. D 1117—8.

Auch das Schwert singt ein Kampflied:

D 1521—2:

> þæt hire on hafelan hring-mæl ágól
> grædig gúð-leóð.

oder i X das Horn, 1423—4:

horn stundum song fúslíc fyrd-leóđ

Trotz dieses Strebens nach Vergeistigung des Sinnlichen ist doch nicht jede sinnliche Darstellung überhaupt aus dem altenglischen Epos geschwunden; allerdings tritt sie nicht in so greller Weise auf, wie sie Hoffmann für die Edda belegt[1]); aber der Dichter liebt es, das Auftreten seiner Helden oder wichtige Handlungen mit sinnlich wirkenden Zügen zu begleiten[2]).

Die Gauten sind im Begriff im Dänenlande zu landen, da heisst es

A 225—7:

Wedera leóde on wang stigon,
sǣ-wudu sǣldon, syrcan hrysedon, gúđ-gewǣdu.

Darauf das Zwiegespräch mit dem Strandwart, der ihnen den Weg zu des Königs Burg zeigt:

A 303—4:

Eofor-líc scionon
ofer hleór-bergan, gehroden golde.

Dann verabschiedet sich der Strandwächter, und die Helden nähern sich der Halle des Königs; dies begleitet der Sänger mit folgenden Worten

A 321—4:

gúđ-byrne scán,
heard hond-locen, hring-íren scír
song in searwum, þá hie tô sele furđum
in hyra gryre-geatwum gangan cwômon.

Aehnlich, wo Beówulf sich zum Reden anschickt.

A 405—6:

Beówulf maþelode (on him byrne scán,
searo-net séowed smiþes or-þancum).

_____

[1]) Vergl. A. Hoffmann, a. a. O. 186.
[2]) cf. ten Brink, Gesch. der engl. Litteratur, S. 23.

Auch bei der Schilderung von Naturereignissen sucht der Dichter in ähnlicher Weise anschaulich zu beschreiben, so beim Eintreten des Winters:

D 1131—3:

> holm storme weól,
> won wið winde; winter ýðe beleác îs-gebinde.

Besonders deutlich tritt uns dies Bestreben im Abschnitt X entgegen, wo der Grendelsee geschildert wird:

1357—64:

> Hie dýgel lond
> wariað wulf-hleoðu, windige næssas,
> frécne fen-gelâd, ðær fyrgenstreâm
> under næssa genipu nider gewiteð,
> flôd under foldan. Nis þæt feor heonon
> mil-gemearces þæt se mere standeð,
> ofer þæm hongiað hrimde bearwas,
> wudu wyrtum fæst, wæter oferhelmað.

und ferner 1368 ff. besonders 1373—76:

> þonon ýð-geblond ûp âstiged,
> won tô wolcnum, þonne wind styreð
> lâð gewidru, oð-þæt lyft drysmað,
> roderas reótað.

In den übrigen Versionen ist diese Art der Darstellung kaum bemerkbar; sie scheint sonach gerade der Dichtung Á und den inhaltlich von ihr beeinflussten Liedern eigen zu sein.

Die besprochene bildliche Ausdrucksweise erscheint gewissermassen verkörpert in einem für das altenglische Epos charakteristischen Schmuckmittel, der sogenannten K e n n i n g. Näheres über diese wird am besten im Zusammenhang mit den übrigen Begriffsbezeichnungen unter dem Wortschatz vorzubringen sein.

Diese Kenningar ersetzen der altenglischen Poesie zugleich das e p i s c h e E p i t h e t o n der klassischen Dichtung; denn im eigentlichen Sinne genommen, fehlt dieses unserem Epos. Zwar folgen im Beówulf gewöhnlich den Eigennamen auch schmückende Begleitwörter, doch ist als ständig an diesen nur der Begriff aufzufassen, nicht aber das Wort. Dies wird von seinem Beziehungswort allmählich durch einen immer grösser werdenden Zwischenraum getrennt und schliesslich als selbständiges Appellativum verwendet. Dies mag an folgenden Beispielen deutlich werden. In

Á 341—2:

> wlanc Wedera leód, word æfter spræc
> heard under helme

kann das „h e a r d u n d e r h e l m e" noch als Beiwort zu Wedera leód gelten, während in

Á 403—4:

> Under Heorotes hróf hige-róf eóde,
> heard under helme, þæt hé on heorðe gestóᵈ.

dieselbe Verbindung als selbständiger Eigennamen gefasst werden muss; denn der im nächsten Vers stehende Name des Helden gehört zum folgenden Satz und hat zu dem vorhergehenden keine Beziehung.

Solche ständige Begleitbegriffe weisen alle Teile unseres Epos auf, nicht allein für Personen, sondern auch für leblose Gegenstände; besonders alle Waffen, sowie Schiffe werden damit bedacht.

Als solche können gelten für den K ö n i g :

se g ó d a : Á. 347. 355. D. 863. E. 1969. F. 2563. G. 2543.

xþelum gód Á. 1870. ærgód B. 130.

se m ǽ r a A. 201. 345. 353. 270. B. 129. 36. E. 2199. 2011.
F. 2572 2721.

ellen-r ó f Á 358 gúᵈ-r. 608 B. sige-r 619 E. heaᵈo-r. 2191
F. beadu-r. 3161

h e a r d under helme F. 2539 niᵈ-heard 2417.

ánhýdig F. 2666. þristhýdig 2810. wís-hycgende 2715.

stearc-heort 2552.

speciell für den altersgrauen König:

fröd E. 2123. F. 2209. 2538. G. 2513. E. wintrum fröd 2114.
gamol Á 1792. E. 2105. 2112.
gamol-feax Á. 608. blonden-feax A. 1791. 1873.

für die Königin:

gold-hroden B. 614. 640. beag.-hr. 623.
freólic B. 615. 641. mære E. 2016.

Unter den Attributen, welche Beówulf oder den übrigen Helden beigelegt werden, können als ständig betrachtet werden:

se góda Á. 675. B. 205. D. 1190. X. ær-gód 1329.
gód mid Geátum A. 195.
róf Á. 1793. F. 2538 ellen-róf Á. 340. 358. heaðo-róf B. 381.
hige-róf A. 204. hige-þihtig 745.
heard Á. 376. D. 1807. E. 1903. F. 2539. beadwe-h. C. 1538-9.
scearp A. 288 wlanc A. 341. 331.
hilde-deór Á. 312. 1816. C. 1646. F. 3111.
collen-ferht D. 1804. F. 2785. etc.

für das Schwert:

heard Á. 540. F. 2509. 2687. X. 1288 G. 2638.
scûr-heard Á. 1032. eácen E. 2140. G. 3051. C. ær-gód 989.
ecgum-dyhtig C. 1287. 1558. F. ecgum ungleáw 2564.
fáh: A. 586. C. 1286. 1698. F. 2701. fâted F. 2701
geatolic E. 2154 hyrsted Á. 672 golde-gegyred E. 2192.

Wie hier am Schwert, so wird auch an den übrigen Waffen die Widerstandsfähigkeit und das Glänzende hervorgehoben; so an der Brünne:

beorht Á. 214. F. 3140. scîr Á. 322 geatolic Á. 215.
searo-fáh X. 1444. swät f. D. 1111. golde gegyrwed Á. 553.
heard hond-locen A. 322. 551. heard D. 1553.
locen Á. 1890. X. 1505.
bróden Á. 552. X. 1443. D. 1548.
ísern A. 671. síde X. 1291. 1444.

am Helm:

fáh B. 305. F. brûn-f. 2615 gold-f. 2810.
eal-gylden D. 1111. gebroden golde A. 304.
hyrsted golde F. 2255. since geweorþad X. 1450
heard: F. 2255. fýr-h. B. 305. íren-h. D. 1112.

am Schild:

> beorht Á. 231. X. 1243. fǽtte Á. 333.
>
> regn-heard A. 326. side A. 325. 437. etc.

am Schiff:

> fámig-heals Á. 218. D. 1909. wunden-h. Á. 298.
>
> niw-tyrwed A. 295. bront A. 238. ísig B. 33.

an der Halle Heorot:

> heáh-hús Á. 116. heáh-sele A. 617. 713. B. 82. E. 1984,
>
> horngeáp B. 82. A. 1800.
>
> gold-fáh A. 308. 1800. sinc-f. B. 167. fǽttum f. 716.
>
> fǽger A. 773. geatolic A. 308.

Statt der malenden Epitheta wird in unserm Epos auch häufig eine superlativische Ausdrucksweise zur Hervorhebung eines Begriffes verwendet, so z. B. heisst es von den Waffen:

> hyrsted sweord, îrena cýst Á. 672—3. C. 1697.
>
> beadu-scrúda betst. hrægla sélest B. 453—4.
>
> billa-sélest D 1144.

Heorot wird genannt:

> húsa sélest A· 146. 658. reced sélesta A. 412.
>
> healærna mǽst A. 78;

womit zu vergleichen sind:

> bolda sélest F. 2708. hond-wundra mǽst 2768 beácna beorhtost 2777.
>
> sélesta sǽ-cyninga G. 2382 cf. A. seg betsta 947 etc.

Einen Ersatz für den Mangel eigentlicher epischer Beiwörter bot dem Dichter ausser der Kenning auch die in der altenglischen Poesie beliebte Variation des Ausdrucks, die der Dichter vor allem da verwendet, wo er, abgesehen vom rhetorischen Schmuck, Veranschaulichung eines Begriffes erzielen will. Er sucht seinem Publikum Personen oder Gegenstände näher zu bringen, indem er sie stets von neuen Seiten beleuchtet, neue Eigenschaften an ihnen hervorhebt, sei es durch Wiederholung malerischer Attribute oder Appositionen. Diese Häufung synonymer Ausdrücke be-

wirkt eben jene für das altenglische Epos charakteristische wogende Art der Darstellung, die auch
allen Teilen des Beówulfliedes eigen ist. Einige
Beispiele mögen dies am besten verdeutlichen.

In A 221—3:

> þæt þá lídende land gesáwon,
> brim-clifu blícan, beorgas steápe,
> side sǽ-næssas :

oder Á. 350—55:

> Ic þæs wine Deniga
> freán Scyldinga, frínan wille,
> beága bryttan, swá þú béna eart,
> þeóden mǽrne ymb þínne sít,
> ond þé þá ondsware ǽdre gecýðan
> de mé se góda ágifan þenceð.

vergl. A. 426—30. 579—81. 68—9. 237—40. 267—9. 325—6.
199—201. 213—6. 344—7. 607—10 etc.

Desgleichen in F. 2562—4:

> Sweord ǽr gebrǽd
> gód gúð-cyning, gomele láfe,
> ecgum ungleáw.

cf. F. 2503—6. 2321—2. 2261—2. 2308—9. 2889—90. 2900
bis 2 etc.

Aus den übrigen Versionen sind zu vergleichen
B. 16—17. 50—2. 102—5. 139—41 etc. C. 847—9. 858 bis
60. 911—13. 1285—7 etc. D. 898—900. 958—60. 1089—93 etc.
E 2196—9. 1966—70. 1988—90. G 2333—5. 2369—70. 2529—30 etc.
Dabei ist keineswegs erforderlich, dass die
erklärenden oder schmückenden Appositionen un-
mittelbar ihrem Beziehungswort folgen, sondern
bezeichnend ist gerade die Trennung von diesem
durch Satzglieder oder auch zuweilen ganze Sätze.
Durch zahlreiche Beispiele liesse sich diese Erscheinung belegen, einige charakteristische mögen
folgen aus

Á 86—7:

> þá se ellor-gǽst [1]) earfoð-líce
> þráge geþolode, sé-þe in þýstrum bád.

---

[1]) Emendation v. R i e g e r.

cf. A. 132—3. 270—1. 287—9 etc.
oder aus B. 100—1:
    oð-þæt ân ongan
    fyrene fremman, feónd on helle.
cf. B. 188—9. 152—4. C. 1236—7. 1285—7 etc. X. 1317
bis 9. 1114—6. etc. F. 2241—4 etc. G 2363—5. etc.

Schon in dem zuletzt angeführten Beispiel giebt
sich die Neigung kund, auch eng zusammenge-
hörige Satzteile: wie Substantiv und Pronomen
oder Artikel durch andere Satzglieder von einander
zu trennen; man vergleiche hiermit folgende Stellen
aus

F. 2742—3 :
    þonne min seeaced lif of lice.   cf. F. 2749—51.
oder C. 913—5 :
    he þär callum weard,
    mæg Higelâces monna cynne
    freóndum gefægra
B. 415—6:
    nä þü minne þearft
    hafalan hýdan.

Das Wogende dieser Darstellung tritt weiter-
hin noch dadurch hervor, dass die Gleichheit des
Inhaltes häufig äusserlich angedeutet wird durch
Verwendung derselben Satzglieder und eine ähn-
liche Anordnung der einzelnen Teile, so z. B. in
A. 210—11:
    flôt wæs on ýdum,
    bât under beorge.
oder 310—1 :
    him þä ellen-rôf ondswarode,
    wlanc Wedera leód, word æfter spræc.
B. 49—50:
    him wæs geômor sefa, murnende môd cf. B. 30—31. etc.
Vergl. ferner X. 1326—8. 1358—9. D. 870—4—7. 1089—91.
F. 2747—9. 3172—3. 2582—3. etc.

Bisher konnte als charakteristisch für die altenglische Ependichtung ein Mangel gewisser Stil-

figuren gelten, den wir hauptsächlich in der wogen·
den Art der Darstellung und in einer grossen Gefühlsweichheit begründet sahen. Eben diese
ist nun für keine andere Poesie in so hervorragen-
dem Maase kennzeichnend als gerade für die altenglische. Es ist wohl anzunehmen, dass diese
Weichheit, welche gewiss zum Teil im Charakter
der eingewanderten Stämme begründet war, vor-
züglich durch die christliche Lehre weiter entwickelt
und vertieft wurde. Sie offenbart sich deutlich im
Verhältnis des Königs zu seinem Gefolge. Nicht
blosse pflichtmässige Unterthanentreue und Dankbarkeit spricht sich darin aus, sondern die Liebe,
welche die neue Lehre für Christus entzündete,
scheint, wie Heinzel ¹) treffend bemerkt, bei den
Angelsachsen auf den Gefolgsherrn übertragen
worden zu sein. So ist es auch für den Sänger
oder Dichter, der in jener Zeit das Schwert ebenso gut wie die Harfe zu gebrauchen verstand, daher auch im Gefolge des Königs eine geachtete
Stellung einnahm, unmöglich, jene Objectivität der
Darstellung zu wahren, welche dem klassischen
Epos eigen ist. Nicht selten giebt er, wenn er
Helden vorführt, deren Thaten berichtet, seine An-
erkennung oder Missbilligung durch emphatische
Ausrufe kund, so gleich zu Beginn unseres Gedichtes
an interpolirter Stelle
Vs. 11:

> þæt wæs gôd cyning!

ebenso G. 2390, oder D. 1812:

> þæt wæs môdig secg.　　　cf. D. 1885.

ähnlich X 1250:

> wæs seo þeúd tilu.

---

¹) a, a, Ort. S. 38—39.

oder X 1328:

swylc sceolde eorl wesan   cf. F. 2708—9.
Á 765:
þæt wæs geócor sið
F. 2541:
ne bid swylc earges sið!
D. 1172:
swá sceal mæg dón.! cf. noch G. 3175 f.
und interpolirt Vs. 2470:
swá déð endig mon.

Es ist nicht zu verkennen, dass der Dichter
hierdurch einerseits eine gewisse Teilnahme am
Gefühlsleben seiner Helden bekundet, welches er,
wie wir sehen werden, auch ausführlicher zu
schildern bestrebt ist. Andererseits liegt aber in
jenen Ausrufen gewissermassen eine Neigung zu
moralisierenden Betrachtungen verborgen, die gewisse Abschnitte unseres Gedichtes vor anderen
auszeichnet.

Jenes zeigt sich z. B. deutlich auch darin,
dass Empfindungen des Schmerzes oder der Freude
gern hervorgehoben werden, so:
Á 170—1:
þæt wæs wræc micel wine Scyldinga,
módes brecda.
Á 607:
þá wæs on salum sinces brytta
oder B. 49—50:
him wæs geómor sefa, murnende mód. cf. G. 2632.
F. 2599—600:
hiora ánum weóll sefa wið sorgum
C. 1785:
Geát wæs glædmód etc.

Als typisch für diese ganze Art kann folgendes Beispiel gelten:
A. 1870 ff:
Gecyste þá cyning æþelum gód,
þeóden Scyldinga þegn betstan
ond be healse genam; hruron him tearas
blonden feaxum etc.

C. 1876 ff. :

Wæs him se man tô þon leóf,
þæt he þone breóst-wylm forberan ne-mehte,
ac him on hrêdre hyge-bendum fæst
æfter deórum men dyrne langad
beorn wið blôde.

Schon hier ist der Uebergang aus der Gefühlsweichheit in eine elegische Stimmung bemerkbar, die kennzeichnend ist für gewisse Teile unseres
Liedes und deutlich zum Ausdruck gelangt in der
Rede jenes einsamen Mannes, der den Verlust aller
seiner Leute beklagt und nun seine Schätze und
kostbaren Waffen in jener verborgenen Höhle
niederlegt. Die Stimmung, welche sich in den auf
diese Rede folgenden Versen kund giebt, scheint
bezeichnend für den Charakter der sich anschliessen-
den Dichtung F. Der Sänger schliesst seinen Bericht mit den Worten

F. 2267—70:

swâ geômor-môd giohðo mænde
àn æfter eallum, unbliðe weóp;
dæges ond nihtes, óð-þæt deádes wylm
hrân æt heortan.

Ganz ähnlich heisst es von Beówulf. als er,
von trüben Ahnungen erfüllt, von seinen Gefährten
Abschied nimmt

F. 2419—21:

him wæs geômor sefa,
wæfre ond wæl-fûs. Wyrd ungemete neáh,
seo þone gomelan grêtan sceolde.

Auch die Art wie Beówulf, der sein Ende
nahen fühlt, sich vor sich selbst zu rechtfertigen
sucht F. 2729 ff., lässt einen elegischen Zug erkennen; und stille Wehmut klingt aus seinen letzten
Worten.

F. 2813—16:

> þû eart ende-lâf ûsses cynnes,
> Wâgmundinga! ealle Wyrd forsweóp
> mine mâgas tô metodsceafte,
> eorlas on elne: ic him æfter sceal.

Man vergleiche auch noch Wîglâf's Strafrede an die feigen, treulosen Krieger F. 2884—91 und die Worte des Boten F. 3021—7. Finden die Klagen dieser beiden ihre Begründung durch den Tod ihres lieben Gefolgsherrn und Königs, so ist doch jene elegische Stimmung auffallend, in welcher der Dichter unsern Helden vor dem Kampfe schildert; umso mehr, wenn wir damit vergleichen jene siegbewusste Trotzrede Beówulfs Á 677 ff. vor dem Kampfe mit Grendel, oder jenen entschlossenen Wagemut, den er vor dem Kampfe mit Grendels Mutter zeigt. Bezeichnend sind da die Worte Beówulfs an den König Hrôdgâr

X. 1384—9:

> Ne-sorga, snotor guma! sêlre bið æghwæm,
> þæt hê his freónd wrece, þonne hê fela murne.
> Ûre æghwylc sceal ende gebîdan
> worolde lifes: wyrce sê-þe môte
> dômes ær deáþe! þæt bið driht-guman
> unlifgendum æfter sêlest!

Ausdrücklich versichert uns der Sänger weiter unten

X 1441—2:

> Gyrede hine Beówulf
> eorl-gewædum, nalles for ealdre mearn.

Die düstere elegische Stimmung aber ist keinem andern Abschnitt in gleichem Masse wie F eigen, am aller wenigsten zeigt sie die Á-Version. Wenn Sarrazin (a a. O. S. 71—72) den Grund hierfür allein in einer gewissen Verschiedenheit des

Inhalts sieht, da in A vorwiegend siegreiche Kämpfe,
Festfreude, in F aber Todesahnung, dumpfe Trauer
geschildert würden, so lässt sich wohl daran erinnern, dass einerseits jene frische, heitere Darstellungsweise in Á bei weitem nicht im gleichen
Grade z. B. den Versionen D, C, E eigen ist, wo
doch ebenfalls von Sieg und Festjubel berichtet
wird, und dass andererseits die G-Dichtnng, die
auch von Beówulfs Ende erzählt, doch nicht in den
gleichen elegischen Ton wie F verfällt, sondern
an entsprechenden Stellen wie Vs. 2347 f. 2518—21,
2527 f. 2532 f. eher an die früheren Trotzreden in
Á und X erinnert, während hiervon F kaum eine
Spur aufzuweisen hat. Eine bei weitem befriedigen-
dere Erklärung giebt uns meines Erachtens jene
Annahme ten Brinks an die Hand, wonach die
Verschiedenheit der Grundstimmungen in F und
den übrigen Abschnitten sich als Folge der verschiedenen Lokalisation der einzelnen Teile ergeben
würde.

In jenen emphatischen Ausrufen offenbart sich
die Subjectivität des Dichters nicht bloss durch
einen gewissen Gefühlsanteil, sondern wie bereits
erwähnt, auch durch eine kritisierende Haltung, welche sich in den Attributen gôd, môdig
etc. oder in den Wendungen:

swylc sceolde eorl wesan X. 1328, F. 2708—9, swâ dèⱦ feáⱦig
mon 2470 etc.

doch deutlich ausspricht. Der Uebergang von
dieser zu einer ausgesprochenen Neigung zum
Moralisieren ist nicht allzu gross und musste
erleichtert werden durch eine Vorliebe für reflek-
tierende Darstellung, wie sie sich in dem Bestreben

des Dichters, uns auch die Gemütsbewegungen seiner Helden darzulegen, kund giebt. Belege hierfür bieten ausser F, namentlich die jüngeren Versionen, so z. B.:

B. 20—25:

> Swä sceal geong guma góde gewyrcean,
> fromum feoh-giftum on fæder bearme,
> þæt hine on ylde eft gewunigen
> wil-gesíþas, þonne wíg cume,
> leóde gelæsten: lof-dǽdum sceal
> in mægþa gehwǽre man geþeón!

oder F 2600—1:

> sibb ǽfre ne mæg
> wiht onwendan, þám ðe wel þenceð!

vergl. ferner: F 2736 f., 2884 f., 3020 f., G 2645 f., 2764 f., 3175 f., desgleichen C 1718—22:

> Hwæþere him on ferhþe greów
> breóst-hord blód-reów; nallas beágas geaf.
> Denum æfter dóme: dreám-leás gebád,
> þæt hé þæs gewinnes weorc þrówade,
> leód-bealo longsum. þú þé lǽr be þon!

cf. C 811 f., 858 f., 913 f, E. 2166 f. etc. interpol. 1060—2 1910—3, C 1002.

Deutliche Beeinflussung seitens der christlichen Lehre verraten einige Stellen aus jüngeren Abschnitten, wie etwa

C 1610—11:

> só geweald hafað
> sǽla ond mǽla: þæt is sóð metod!

oder D 977—9:

> ðǽr ábídan sceal
> maga máne fáh miclan dómes,
> hú him scír metod scrifan wille.

namentlich aber Interpolationen, die sich eben durch die ausgesprochene christliche Tendenz als Einschiebsel zu erkennen geben, so

Vs. 183—8:

> Wâ bið þǽm-ðe sceal
> þurh sliðne nîð sâwle bescûfan
> in fýres fæþm, frófre ne-wênan
> wihte gewendan! wel bið þǽm-þe môt
> æfter deað-dæge drihten sêcean
> ond tô fæder fæþmum freoðo wilnian!

Schon in einigen der angeführten Beispiele aus F, B etc. erkennen wir, wie die Angelsachsen es liebten, jene Reflexionen in Form von Sentenzen wiederzugeben, von denen manche als Ueberreste einer heidnischen Spruchdichtung gelten können, so ausser der oben aus B 20—25 citierten noch folgende

B 455:

> Gǽð â Wyrd swâ hió scel!

oder B 572—3:

> Wyrd oft nereð
> unfǽgne eorl þonne his ellen deáh! cf. G 2526—7a.

In diesen wie in anderen ähnlichen Sentenzen vermögen wir ein gut Teil Lebensweisheit und Anschauung jener Zeiten zu erkennen. Ein furchtloser Sinn und gewisser ritterlicher Geist spricht aus manchen, so

F 2890:

> Deáð bið sélla
> eorla gehwylcum þonne edwît-lîf!

oder X. 1384—9:

> sélre bið ǽghwǽm,
> þæt hê his freónd wrece, þonne hê fela murne.
> Ûre ǽghwylc sceal ende gebîdan
> worolde lîfes: wyrce sê-þe môte
> dômes ǽr deáðe! þæt bið driht guman
> unlifgendum æfter sélest!

oder D 1534—6:

> swâ sceal man dôn,
> þonne hê æt gûðe gegân þenceð
> longsumne lôf, nâ ymb his lîf cearað.

und D 1838–9:

> feor-cýþde beód
> sélran gesóhte, þǽm-þe him selfa deáh!

Es muss nun auffallen, dass in der Á-Dichtung
eine ähnliche Neigung kaum zu bemerken ist, ob-
schon doch hier die Gelegenheit, eigne Lebenser-
fahrung in Form von Sentenzen einfliessen zu
lassen, so gut gegeben war wie in den übrigen
Abschnitten. Eine Spur solch spruchartiger Dichtung könnte man vielleicht in den Worten des
Strandwächters sehen:

Á 287–9:

> ǽghwæþres sceal
> scearp scyld-wiga gescád witan,
> worda ond weorca, sé-þe wel þenced!

wobei inhaltlich eine gewisse Verschiedenheit von
den oben aus B, C etc. angeführten Stellen nicht
zu verkennen ist.

Der Mangel dieser eben besprochenen Erscheinung in Á, namentlich gegenüber den jüngeren
Versionen, scheint sonach für jene Dichtung ebenso kennzeichnend wie der elegische Ton in der
Darstellung für F; und wie dort, so werden wir
auch hier den Grund am besten darin zu suchen
haben, dass Á wie F und die jüngeren Dichtungen
aus verschiedenen geistigen Sphären hervorgegangen
sind.

Formeln und formelhafte Wendungen.

Welche Bedeutung stilistische Formeln [1]) für die Angelsachsen hatten, ist deutlich aus dem häufigen Vorkommen formelhafter Elemente in Poesie und Prosa zu ersehen. Allerdings sind sie nicht ausschliesslich eine Stileigentümlichkeit der Angelsachsen, sondern Gemeingut aller Westgermanen. Besonders eine Art, die coordinierte oder Zwillingsformel, findet sich in fast allen uns erhaltenen alten Denkmälern der westgermanischen Stämme; sowohl Dichtungen wie Satzungen weisen diese Eigenart auf. Letztere mögen vornehmlich zur Verbreitung beigetragen haben. Es ist nur natürlich, dass solche Formeln von den einwandernden Stämmen nach der neuen Heimat, England, übertragen wurden; aber auch nach der Einwanderung können infolge des Verkehrs, der mit dem Festland stets aufrecht erhalten wurde, solche Uebertragungen noch stattgefunden haben. Jedoch bei dieser Entlehnung aus dem gemeingermanischen Sprachschatz sind die Angelsachsen nicht stehen geblieben, sondern gerade bei ihnen erfreute sich das Formelwesen kräftiger Weiterbildung, wie das Auftreten neuer Formeln in jedem neuen Gedicht erkennen lässt. Besonders im Epos waren gewisse Vorbedingungen für eine weitgehende Verwendung vorhanden, so vor allem in dem oben hervorgehobenen Bestreben des Dichters, den Zuhörern

---

1) Ueber Formeln zu vergleichen: J. G r i m m, Vorrede zu Andreas und Elene, und derselbe: Rechtsaltertümer.

Ferner O. H o f f m a n n : Reimformeln im West-Germanischen.

R i c h. M o r i t z M e y e r: Die altgermanische Poesie nach ihren formelhaften Elementen. Berlin 1889.

einen Begriff dadurch näher zu bringen, dass er
denselben wendet, zerlegt und durch Häufung
synonymer Ausdrücke immer neue Seiten an ihnen
hervorzuheben sucht. Hierzu waren die Zwillingsformeln wie geschaffen, denn in denselben liegen
Begriffspaare vor, die entweder wegen ihrer Aehnlichkeit oder auch ihres Gegensatzes häufig zusammengestellt und durch den Einfluss der Allitteration fester gefügt wurden. Ein weiterer Grund
für ihre Beliebtheit liegt darin, dass die Wortpaare
allitterierten und so dem Dichter ein treffliches
Hilfsmittel für den Reim boten, wie die fast aus-
schliessliche Stellung im ersten Halbvers bekundet.
Gleichzeitig mit diesen anlautreimenden Formeln
entstanden aber auch solche mit Endreim, die jedoch, dem Charakter der Allitterationspoesie gemäss, in weit geringerer Zahl auftreten. Eine besondere Bedeutung kommt ihnen aber insofern zu,
als sie dem Endreim, der anfangs stets die Schluss-
silben zweier Vershälften und dann zweier aufein-
ander folgender Verse ergreift, vorarbeiteten. Spuren
dieser Entwicklung bemerken wir schon im vorliegenden Epos, so deutlich in den Schlussversen
3181—3:

> cwædon þæt hé wære worold-cyning
> monnm mildust ond monþwærust
> leódum liðost ond lofgeornost.

Ebenso selten begegnen wir einer dritten
Formelart, die weder Anlaut- noch Endreim zeigt,
in der vielmehr der sogenannte Gedankenreim (wie
im Deutschen in der Verbindung „Himmel und
Erde") das einzige Band ist, das die Wortpaare
verknüpft. Wie man diesen die dem Charakter

der allitterirenden Poesie entsprechenden Formeln
mit Anlautreim vorzog, lehren uns z. B. Verbindungen wie: „beáh ond byrne" oder „bill ond byrne"
etc. gegenüber dem vereinzelten „helm ond byrne".

Dass aber auch diese Verbindungen (helm ond
byrne) vom Ohr, das in jener Zeit für Formelhaftes
besonders empfänglich war, in der That als Formeln
empfunden wurden, dürfen wir wohl aus der inhalt-
lichen Aehnlichkeit mit den entsprechenden anlautreimenden Verbindungen folgern.

Des weiteren auf den Bau der Formeln ein-
zugehen, kann nicht im Interesse dieser Arbeit
liegen, (man vergleiche darüber O. Hoffmann a.
a. O. S. 9 ff.)[1]); dagegen wird zunächst das Vorkommen derselben in den einzelnen Teilen des
Beówulfliedes ins Auge zu fassen sein.

Es liesse sich wohl vermuten, dass ein be-
stimmter Kreis eine besondere Vorliebe für solch
formelhafte Wendungen bekunde, oder dass sich
für ein und dasselbe Begriffspaar in der einen
Sphäre andere Formeln herausgebildet hätten oder
bevorzugt worden wären, als in einer anderen, und
eine Anzahl solcher Verschiedenheiten verdiente
bei der Frage nach dem Entstehungsort gewiss in
Betracht gezogen zu werden. Vergleichen wir zu
diesem Zwecke die Formeln des vorliegenden Epos,
die der leichteren Uebersicht wegen in tabellarischer
Zusammenstellung folgen.

---

[1]) Als Ergänzung dazu Kail: Anglia XII. S. 37 f.

1. coordinirte Substantiva.

in Á:

adl odðe fren 1848a
ár ond ombiht 336a
burh ond beúgas 523a
eafoð ond ellen 602a
earm ond eaxle 835a
fáhð ond fyren 137a
* ge wit feónd ge wit freónd 1864a
fét ond folma 745a
lác ond luf-tácen 1863a
mág ond mago-þegn 408a
mearum ond máðmum 1898a
wápen ond gewádu 292a
* wig ond wísdóm 350a
* worda ond worca 289a

in F:

bál ond brond 2322a
beáh ond byrne 2812a
bill ond byrne 2621a
cræft ond cénðu 2696a
ende-dógores ond eft-cynes 2896ab
gamen ond gleó-dreám 3021a
lif ond leóð-scipe 2751a
sinc-þego ond swyrd-gifu 2884ab
sinc ond symbel 2431a
wig ond weal 2323a
ne wyrd ne word 3030a

in G.

beágas ond brego-stól 2370a
bord ond byrne 2524a
byrne ond byrdu-scrúd 2660a
eafoð ond ellen 2349a
oreð ond áttor 2523a
* wig ond wǽpen 2395a

in X:

×scunn ond ecgum 1772a
nó brond ne beado-mécas 1454a
wyrmas•ond wild-deor 1430a

2. coordinirte Adjectiva und Adverbia.

aþele ond eácen 198a
eald ond unhár 357a
eft swá ár 1787a
gamol-feax ond gúd-róf 608a
geáp ond gold-fáh 1800a
geatolic ond gold-fáh 308a
* grim ond grádig 121a
* idel ond unnyt 413a
* innan ond útan 774a
* ne leóf né láð 511a
reóc ond réþe 122a
s notor ond swýð-ferhð 826a

biter ond beadu-scearp 2704a
fáh ond fáted 2701a
gamol ond grǽgmǽl 2682a
hát ond heaðo- grim 2691a
líðost ond lof-geornost 3183ab
micel oud mǽre 3098a
mildust ond mon-þwǽrust 3182ab
wǽfre ond wǽl-fús 2420a
wís ond gewittig 3094a

eald ond ómig 2763a
hát ond hreóh-mód 2296a

biter ond gebolgen 1431a
dreórig ond gedréfed 1417a
síd ond searo-fáh 1444a
yrre ond án-rǽd 1575a

3. coordinirte Verba.

in Á:

* habban ond gehealdan 658a

in F:

* healdan ond habban 2430a
hâtian ond hýnan 2319a
swёlan ond swellan 2713a

in G:

geón ond sёcean 3102a

in X:

Endreimedne Parallelformeln.

dugud ond geognd 160b
hond ond rond 656a

coordinirte. Adj.
geong(um) ond eald(um) 72a
(mit Suffixreim)
leng swâ wel 1854a

helm ond byrne 1629b

Formeln mit Gedankenreim.

dæges ond nihtes 2269a
helm ond byrne 2868b
bunan ond discas 2775b
bёg ond siglu 3164b

âr ond ёât 2500a
heâh ond brâd 3158b
feor odde neâh 2870a
neân ond feorran 2317b
(mit Suffixreim)

bunan ond orcas 3047b
hord ond rice 2369b
sweord ond helm 2659b

Anlautreimende Parallelformeln.

1. coordinirte Substantiva.

in B:

billum ond byrnum 40a
cotenas ond ylfe ond orcnёas
112ab

fen ond fæsten 104a
folc ohde freó-burh 693a
frófor ond fultum 698a

in D:

bearnum ond brёdrum 1074a
earm ond eaxle 972a 1117a
fёoht ond fyren 879a
hâmas ond heâ-burg 1127a
healle ond heah-setl 1087a
hrægl ond hringas 1195a

in C:

* bealdun ond bolstrum 1240a
zang ond swёg 1063a
scuccum ond scinnum 939a
wera ond wîfa 993a
wicga ond wæpna 1045a

in E:

bold ond brego-stól 2196a
deôdles cræftum ond dracan fellum 2088ab
frætwe ond fät-gold 1921a
gid ond gleó 2105a
meara ond mâdma 2166a

beðlic ond bán-fáh 780a
eft swá ǽr 642a

fáh ond fýr-heard 305a
fýr ond fæstor 143a
heáh ond horn-geáp 82a
ísig ond út-fús 33a
láþ ond longsum 192a

dugud ond geogud 621a

náfre ǽr ne siþðan 718b

* werdum ond worcum 1833a

2. coordinirte Adjectiva und Adverbia.

brád ond brún-ecg 1546a
stíð ond stýl-ecg 1533a

fús ond fǽge 1241a
gífre ond galg-mód 1277a
fǽge ond geflýmed 846a
gesceád ond gescád 1696a
* grim ond grǽdig 1499a
gód ond geatolic 1562a
hreóh ond heoro-grim 1564a
wreoþen-hilt ond wyrm-fáh 1698a

3. coordinirte Verba.

wanian ond wyrdan 1337a
aus C: sceífan ond scyndan 918a

Endreimende Parallelformeln.

dugud ond giogod 1674a
sál ond mǽl 1008b. 1611a

Mit Gedankenreim.

1. coordinirte Substantiva.

folc ond ríce 1179a   gód ond ríht 1700b.

2. coordinirte Adjectiva und Adverbia.

feor oððo neáh 1221b   feorran ond neán 839b
neán ond feorran 1174a   (mit Suffixreim)
(mit Suffixreim)

sið ond syllíc 2086a

Anlautreimende.

1. coordinirte Substantiva.

im I. Abenteuer*).
hŷnðu ond hrá-fyl 277a
leomum ond leáfum 97a

gamul ond gúð-reáuw 58?a
lið ond longsum 131a

sîomian ond syrwan 161a
swefan ond sendan 600a

fród ond gôd 279a

sunnan ond mónan 94b

im II. Abenteuer.
áðl oððe ecg 1763a
áðl ne yldo 1736a
eard ond eorl-scipe 1727a
eorforð ond ellen 902a
frófor ond fultum 1273a
oððe fŷres feng oððe flódes
    wylm 1764ab
cf. { oððe gripe méces oððe gáres
    fliht 1765ab

* { ge æt hâm ge on herge 1248a
    hord ond heá-burh 912a

* leófes ond láþes 1061a

im III. Abenteuer.
geófum ond gúðum 1958a

im IV. Abenteuer.
hearm ond hrŷð 2956a
fǽhð ond feóndscipe 2999ab
fǽhð ond fyren 2480a
lond ond leód-byrig 2471a
* syn ond sacu 2472a
weá ond wrǽc-sîð 2292a
wongas ond wíc-stede 2462a
wræt ond wír 2413a

2. coordinirte Adjectiva und Adverbia.

heard ond hringmǽl 2037a
swancor ond sádol-beorht 2175a
sôð ond sárlic 2109a

eald ond egesful 2929a
eald ond infród 2449a
* leófes ond láþes 2910a

3. coordinirte Verba.
forgŷtan ond forgŷman 1751a
forsiteð ond forsworceð 1767a
weaxan ond wridian 1741a
wŷscan ond wendan 1604a

Endreimende.

Mit Gedankenreim.
1. coordinirte Substantiva.

hord ond ríce 3004b
horn ond lŷme 2943b
siððe oððe treówe 2922b

2. coordinirte Adjectiva.

sæt ne norð 858a

IV. Drachenkampf.

---

*) I. Abenteuer bezeichnet den Grendelkampf. II. Kampf mit Grendels Mutter. III. Beówulfs Heimkehr, Bericht bei Hygelác

Ein Vergleich dieser Formeln lässt bei der grossen Mehrzahl eine inhaltliche Verschiedenheit erkennen, und aus den wenigen, welche in zwei oder mehr Versionen wiederkehren, kann man, wie eine Zusammenstellung derselben zeigen mag, nichts für nähere Beziehungen zwischen den einzelnen Abschnitten folgern. Es wiederholen sich anlautreimend:

bill ond byrne	in	B und F.
eafod ond ellen	„	Á, G und Int. zu II.
earm ond eaxle	„	Á und D (2).
fæhd ond fyren	„	Á, B, D und Int. zu IV.
frófor ond fultum	„	B. und Intp. zu II.
mearum ond mádmum	„	Á, D, E.
wæpen ond gewædu	„	A und B.
worda ond weorca	„	A und D (2).

Adj. + Adj.

lád ond longsum	„	B und Int. zu I.
leóf ond láþ	„	A und Int. zu II. und IV.

Vb. + Vb.

habban ond healdan	„	Á und F.

endreimend:

dugud ond geoguð	„	Á, B, C.
sæl ond mæl	„	C (2).

Gedankenreim in:

feor oððe neáh	„	D, C, F.

mit Suffixreim

neán ond feorran	„	D, C, F.

Ebenso begegnet eine verschiedene Ausdrucksweise für ähnliche Begriffspaare zu selten, als dass sie weitere Folgerungen gestattete. Wenn wir bemerken, wie inhaltlich z. B. dem „eafod ond ellen" in Á und G, ein „cræft ond cêndu" in F entspricht, oder einem „geatolîc ond gold-fâh" in Á, ein „fâh ond fæted" in F., dem „snotor ond swýd-ferhd" in Á, etwa „wîs ond gewittig" in F, dem „gamol ond græg-mæl" in

F ein „eald ond ômig“ in G (bei Waffen),
dem „sang ond swêg“ in C, ein „gid ond gleó“ in E,
oder „gamen ond gleó-dreám“ in F, so wissen wir
nicht, wie weit die Verschiedenheit der Form durch
den Reim bedingt ist oder ihren Grund in einer
gesonderten Lokalisation der einzelnen Dichtungen
hat. Einige Beachtung verdient die Formel:

deófles cræftum ond dracan fellum

Vs. 2088, die, weil sie Einfluss der christlichen Lehre
bekundet, für den jüngeren Character ihrer Umgeb-
ung zu sprechen scheint. Sonst gestatten die
Formeln keine Sonderung im einzelnen, dagegen
scheint die Frage berechtigt, ob nicht eine Version,
sich durch besonderen Formelreichtum vor den
anderen auszeichnet. Die Untersuchung ergiebt,
dass an demselben alle Abschnitte ihrem Umfang
entsprechend annähernd gleichen Anteil haben
Auch diejenigen Zwillingsformeln, welche nach
Hoffmann (a. a. O. S. 22 ff) bis zum 5. Jahrhundert
als volkstümlich bei allen niederdeutschen Stämmen
gelten können,[1]) sind fast ganz gleichmässig im
Beówulfepos verteilt; wenn sie gerade in Á öfter
begegnen als in den übrigen Teilen, so ist hieraus
allein noch nichts Sicheres für jenes zu schliessen.

Schon bei den eben besprochenen Wendungen
war zu bemerken, wie gerade der Anlautreim dieselben begünstigt, ja wie sie wohl wesentlich mit
unter diesem Einfluss entstanden sind. In ähnlicher
Weise haben Stab- und Endreim auch bei der
Bildung einer weiteren Stilformel, des Reimcom-
positums, mitgewirkt. Substantiva werden mit

---

[1]) In unserer Tabelle sind dieselben durch ein * hervorgehoben
worden.

anderen, vereinzelt auch mit Adjectiven oder nur diese letzteren unter einander verknüpft, so dass immer das erste Glied der Verbindung zur näheren Bestimmung des zweiten, oft aber als blosses Schmuck- oder Reimmittel dient, da meist beide Glieder einen Stab tragen.

Dem Charakter der allitterierenden Dichtung entsprechend überwiegt die Zahl der anlautreimenden Composita.

Reimcomposita mit Anlautreim:

In Á: cwealm-cuma 792a, gryre-geatwe 324a, heard-hicgende 394a sin-snæd 743a word-cwide 1841a. 1845a.

F: gryre-gæst 2560a, hilde-hlæm 2201a word-cwide 2753a

G: geômor-gid 3150a gold-gifa 2652a heaðu-helm¹) 3156a hilde-hlæm 2351a, 2544a.

X: mîl-gemearc 1362a

B: helle-hæfta 788a sin-scaða 707a

C: bearn-gebyrdu 946a, brŷd-bûr 921a fen-freoðo 851a wîd-wegas 840a, 1704a

D: deáð-dæg 885a, ferhð-frec 1146a; sǽ-sîð 1149a

E: fǽr-bifangen 2009a.

in interpolirten Stellen des I. Abenteuers:

deáð-dæg 187a heard-hicgende 799a sin-scaða 801a þeód-þreá 178a wîg-weorþung 176a

des II. Abenteuers:

heoro-hôciht 1438a

des IV. Abenteuers:

eall-îren 2338a swât-swaðu 2946a

mit Endreim:

in Á: fold-bold 773a hord-weard (-König) 1852a word-hord 259b yrfe-lâf 1053a 1903a

F: heard-fyrde ²) 2245b holm-wylm 2411b hond-wundor 2768b hord-weard (f. d. Drachen) 2302b. 2554b. wind-geblond 3146b.

---

¹) Nach Grein's Lesart.

²) Nach M. Heyne.

X: sund-geblond 1450a
B: drýd-swýd 131a
D: hord-weard(-König) 1047a

an interpolirter Stelle des I. Abenteuers:

nýd-bâd 598a drýd-swýd 736b

des IV. Abenteuers:

hord-weard (f. d. Drachen) 2293a 2593a.

Die Unterschiede sind auch hier nur sehr gering und ohne weitere Bedeutung für die Entstehung der verschiedenen Abschnitte des vorliegenden Epos.

Bisher betrachteten wir nur coordinirte Satzteile, bei denen durch Hinzutreten der Allitteration der Charakter der Formel noch verhältnismässig deutlich durchblickte; weniger ist dies vielleicht der Fall bei einer Reihe von subordinirten Verbindungen. Das Formelhafte wird immerhin noch fühlbar z. B. in „ân ×fter eallum,“ „lâd wid lâdum“ etc. In anderen Wendungen, wie „secg on searwum,“ „heard under helme,“ „wan under wolcnum,“ mag Formelhaftes weniger an dem Stabreim, der beide Glieder ergreift, als an dem Umstand zu erkennen sein, dass die zweiten Glieder meist weniger zur Verdeutlichung als vielmehr zum Schmuck dienen; denn „heard“ erfährt keine nähere Erklärung durch das folgende „under helme“, ebenso wenig wie „wan“ durch „under wolcnum“. Man wird eher geneigt sein, in manchen Zusammensetzungen wie „heard under helme“, „secg on searwum“, eine Art epischer Attribute zu sehen.

Es ist nun wohl nicht zu ermessen, wie weit solche Verbindungen in früherer Zeit vom Ohr als Formel empfunden wurden, und deshalb eine genaue Sonderung zwischen dem, was noch als solche

zu betrachten ist und was nicht, kaum möglich.
Man darf aber vielleicht alle diejenigen Wendungen noch hierher rechnen, in denen das subordinirte Satzglied zum Verständnis des Zusammen-
hanges nicht unbedingt erforderlich ist.

Nach diesem Massstab ist die folgende Liste
zusammengestellt.

Subordinirte formelhafte Wendungen:

Subst. + Subst.

aus Á:

feónd mid folme 748a
eafedo on ýdum 534a
eorla ofer eordan 248a
flód xfter farode 580a
forht on ferhde 754a
reced under roderum 310a
ríce tó rúne 172a
rinc on rxste 747a
* seeg on scarwum 249a
sund wid sande 213a
on uhton mid xr-dxge 126ab
wíg ofer wxpen 685a

aus F:

ád on eordan 3138a
biorn under beorge 2559a
beorn in burgum 2433a
freán on fultum 2662a
hlxw under hrúsan 2411a
hlxw on hlide 3158a
gold on greóte 3168a
* líf of líce 2743a
* seeg on scarwum 2700a
sefa wid sorgum 2600a
* wundor on wealle 2759a

Adj. etc. + Subst.

xdre mid yldum 77a
áwa tó aldre 955a
gamol of geardum 265a
grim on grápe 555a
* heard under helme 342a 404a
heard on handa 510a
hlúde in healle 89a
hrador on holme 543a
leóf his leodum 521a
wan under wolcnum 651a

áttor on innan 2715a
ána on orde 2498a
brún on báne 2578a
fród on fordweg 2625a
gamol on gehdo 3095a 2793a
heáh ofer horde 2768a
* heard under helme 2539a
niwe be nxsse 2243a
níde tó sóde 2325a

Adj. + Adj.

ána wid eallum 145a
lád wid lápum 440a

án xfter eallum 2268a
fús ofer fxgum 3025a

Verb. + Subst

fón wid feónde 439a

wunode on wonge 2242a
árás pá bí ronde 2538a

Subst. + Subst.

in B:

bed æfter bûrum 140a
hæleð under heofenum 52a
sinc æt symle 81a

in E:

hælum tô handa 1983a
mæg wið mæge 1978a
yrmðe tô aldre 2005a

Subst. + Adj.

heáh ofer heafod 48a
ænne ofer ŷðe 46a
mâre be mæste 36a
þŷder tô þance 379a

fûs æt faroðe 1916a
sylf æfter sande 1964a

Verb. + Subst.

secgan tô coðe 51a
wôd under wolcnum 714a

sælde tô sande 1917a

Subst. + Subst.

in C:

swylt æfter synnum 1255
web æfter wâgum 995a
wundor æfter wundre 931a

in D:

cyning on corðre 1153 a
earme on eaxle 1117a
feónd on fêðe 970a
geâr in geardas 1134a
gist of geardum 1138a

Adj. + Subst.

rîce tô ræste 1237a

Verb. + Subst.

dreáh æfter dôme 2179a

Subst. + Subst.

in X:

flôd under foldan 1361a
fŷr on flôde 1366a
wæter under wolcnum 1631a

in G:

êstum mid âre 2378a
leódum on lande 2310a
* secg on searwum 2530a
wæpen tô wyrme 2519a
* wundor under wealle 3103a
wyrme on willan 2307a
wyrm on wonge 3039a

Adj. etc. + Subst.

won tô wolcnum 1374a

eft tô earde 2654a
lang on legere 3043

Verb. + Subst.

weóld under wolcnum 1770a

Auch in den Interpolationen begegnen derartige
Verbindungen; es sind etwa hierher zu zählen:

Subst. + Subst.

im I. Abent.
ding wid pyrse 426a
* lif wid lice 733a
leóman tó leóhte 95a

im IV. Abent.
gomen in geardum 2459a
* lif wid lice 2423a
lind wid lige 2341a
mon on móde 2281a
wrxte under wealle 3060a

Adj. + Subst.

geong in geardum 13a

hreów on hrédre 2328a

Vb. + Subst.

weóx under wolcnum 8a

Adj. + Adj.

án xfter ánum 2461a.

Aus dem II. Abenteuer ist nur:

wendeð on willan 1739a.

aus dem III. Abenteuer

rehte xfter rihte 2110a

anzuführen.

Die Wiederholungen sind bereits in der Tabelle
durch * hervorgehoben worden; wie daraus er-
sichtlich, finden sie sich nur in geringer Zahl. Es
ist natürlich, dass zunächst solche Verbindungen
wiederkehren, die sich, wie „heard under helme"
oder „secg on searwum", dem Charakter des
epischen Beiwortes nähern, sie prägten sich am
besten dem Gedächtnis ein. Andere entsprachen
mehr einem augenblicklichen Bedürfnis und mehr
zufällig stellen sie sich beim Dichter wieder ein;
immerhin wird man auch ihnen das Formelhafte
nicht absprechen können. — Aus solchen sehr vereinzelten Anklängen weitere Schlüsse zu ziehen,
scheint nicht berechtigt. Das häufigere Auftreten
solch epischer Formeln in den älteren Teilen Á

und F stimmt sehr wohl zu dem Reichtum an
epischen Schmuckmitteln überhaupt, der gerade
diese Abschnitte auszeichnet.

Die Vorliebe für formelhafte Wendungen im
Epos ist so allgemein, dass sich dem Sänger be-
wusst oder unbewusst ganze Satzformeln da ein-
stellen, wo in seinem Lied ähnliche Handlungen
wiederkehren, so wenn es gilt eine Rede einzu-
leiten.

Die einfachste Art der Redeeinleitung ist
die, dass dem Namen des Sprechenden ein Verbum
dicendi folgt, so:

Á. Beówulf maþelode 405. Hróðgár maþelode 925. cf. 347.

oder Hróðgár maþelode him on ondsware 1810
gúd beorna sum word æfter cwæd 315.
þá þár wlonc hæled æfter æðelum frægn 332.
Wulfgár eóde inne word ábeád 390.

F: hringa hyrde . . . . feá worda cwæd 2215 - 6. 2662
cf. D. 1168 E. 1983—5. 2154. G. 2516—8.

Die uns bereits bekannte Vorliebe für Variation
bewirkt nun verschiedenartige Erweiterungen dieser
Wendungen. Zunächst erfährt die sprechende Person eine variierende Wiederholung, so:

Á 529. 1817. Beówulf maþelode, bearn Ecgþeowes; ähnlich
371. 456.

Á 287. weard maþelode, ombeht unforht

oder gespræc þá se góda gylp-worda sum Beówulf Geáta 675—6.

ganz ähnlich in F 2425. 2792—3. 3076. 2862—3
und den jüngeren Abschnitten, die ausser G und
D übereinstimmend sich mit dieser Erweiterung be-
gnügen, so

B. 631. X. 1321. 1383. 1473. C. 1651. 1698—9. D. 957.

Variierung des Verbs zeigen folgende Beispiele:

Á 258—9:

him se yldesta ondswarode, word-hord onleác

oder: F. 2897—9:

lŷt swigode niwra spella, sê-þe nxs geråd
ac hê sôdlice sxgde ofer ealle.

cf. G. 2510—11. 2630—1. D. 1215.

Noch mehr Abwechslung zeigt Á, indem es
die ganze Wendung variierend wiederholt,

so Á 310—2:

Him þá ellen-róf andswarode,
wlanc Wedera leód word xfter sprxc,
heard under helme.

oder Á 499—501:

Unferd maþelode, Ecgláfes bearn,
. . . . . onband beadu-rúne.

Die Interpolatoren werden kaum neue Personen
redend eingeführt haben; sie beschränkten sich
vielmehr darauf, den schon vorhandenen Reden
noch· Teile ein oder anzufügen, wie dies z. B. im
Abschnitt F geschehen ist. Hier lässt Beówulf
innerhalb seiner Erzählung einen Krieger selbst
das Wort ergreifen, indem er sagt:

F 2041—6 (interpol.):

þonne cwid xt beore, sê-dê beáh gesyhd,
eald xsc-wiga, sê-dê eal geman,
gár-cwealm gumena (him bid grim sefa),
onginned geômor-môd geongum cempan
þurh hredra gehygd higes cunnian,
wíg-bealu weccean ond þxt word ácwyd:

Wiederholung findet auch hier statt; jedoch mit
fast denselben Worten.

Bemerkenswert ist die Mannigfaltigkeit der·
artiger formelhafter Redeeinleitungen in den älteren
Abschnitten des Beówulfliedes, namentlich in Á,

während die jüngeren Teile sich durch eine im
ganzen übereinstimmende Einförmigkeit in der An-
wendung solcher Formeln kennzeichnen.

Wortschatz.

Wenn wir im folgenden den Wortschatz zu
untersuchen vornehmen, so werden wir uns billig
auf solche Begriffe und Einrichtungen beschränken
dürfen, die für das Leben der damaligen Angelsachsen von Bedeutung waren, und bei welchen
sich zugleich Spuren jener schon erwähnten Differenzierung der politischen wie auch der geistigen Interessen vermuten lassen.

Lebenselement aller Germanenstämme ist der
Kampf, zumal jener Völker, welche gegen das Ende
jener Zeit der Wanderungen in einer neuen Heimat
jeden Fuss Landes ihren Gegnern im hartnäckigen
Streit abringen mussten. In dieser Lage hatten
sich die Angelsachsen befunden, daher dürfen wir
ein lebhaftes Interesse für Krieg und alles, was dazu irgend wie in Beziehung steht, voraussetzen.
In der Schlacht vor allem kommt die Gefolgschaft
zur Geltung: jene edlen Freigeborenen, die sich
um die Person des Fürsten scharen und nur eine
Losung kennen — entweder mit ihm zu siegen
oder zu sterben. Doch auch in Friedenszeiten sind
sie des Königs Genossen bei allen fröhlichen und
festlichen Gelegenheiten, wo man tapfer den Becher
leerte und begeistert den Liedern des „scop“ lauschte,
eines sagen- und sangeskundigen Helden aus dem
Gefolge; wo zuweilen der König selbst die Harfe

ergriff und seinen Kriegern von glänzenden Waffen-
thaten vergangener Tage berichtete. Wurde hierdurch der Kampfesmut der Zuhörer entflammt, so
ermahnte andererseits der scop die Gefolgsmannen
zur unverbrüchlichen Treue gegen ihren König und
verfehlte nicht, nachdrücklich hervorzuheben, in
welch' glänzender Weise die Freigebigkeit des Gefolgsherrn die tapferen Helden mit kostbaren Waffen,
Ringen und schmucken Rossen zu belohnen pflegte.

Das Königtum selbst, das sich erst auf dem
Boden der neuen Heimat entwickelte und rasch
emporblühte, musste es nicht im Mittelpunkt des
Lebens und Denkens der Angelsachsen stehen!
Das Interesse, welches man dieser neuen Gesell-
schaftsordnung entgegenbrachte, giebt sich kund
in den äusserst mannigfaltigen Bezeichnungen zumal umschreibender Art, die man dem König bei-
legt. Die Schilderung dieser Fürsten in malerischen
Attributen und Superlativen lässt erkennen, wie
diese Reckengestalten dem Heldenideal des Volkes
nahe kamen. Ein Typus leuchtet mit geringer
Modifikation aus allen Heldengestalten des Epos
hervor, nur das Alter bedingt einen gewissen
Unterschied in der Zeichnung. Als Hauptvertreter
der einen kann der greise Hróðgâr oder der er-
graute Beówulf, wie er im Drachenkampf geschildert
wird, gelten, der mit der Stärke und Macht, durch
das Gefolge und den Hort symbolisiert, die weise
Denkungsart, die milde freigebige Gesinnung gegen
die Gefolgsleute verbindet. Charaktere der andern
Zeichnung sind Beówulf in seinen früheren Aben-
teuern und Wiglâf, an welchen die jugendliche

Heldenkraft, ungestümer Kampfesmut und vor allem
die Treue gegen den Fürsten gepriesen wjrd.

Nächst dem Institut des Königtums musste
die eindringende christliche Lehre die Gemüter der
Angelsachsen rege beschäftigen und ihre Anschauung beeinflussen. Nicht bei allen Stämmen wich
das Heidentum der christlichen Lehre so leicht
wie in Nordhumbrien, wo, wie ten Brink es nennt,
ein mildes Christentum sich herausbildete. Hart-
näckig verweigerte man in Mercien unter dem
rauhen König Penda die Annahme der neuen Lehre
und selbst nachdem sie Eingang gefunden, hielt
sich heidnischer Kultus noch längere Zeit und
hatte z. B. eine Stütze an dem kriegerischen und
grausamen Offa.

Aus der alten Heimat haben die Angelsachsen
noch eins bewahrt, das sind die lebhaften Eindrücke
von ihren Fahrten längs der zerklüfteten Küste
ihres eigenen Landes oder der benachbarten Ge-
biete. Wie lebhaft bei ihnen die Erinnerung an
das Leben an und auf dem Meere ist, beweist die
besondere Vorliebe, mit der sie bei der Schilderung
einer Meerfahrt verweilen und sich in malerischen
Umschreibungen der See und der Schiffe gefallen,
und ferner nicht zum wenigsten die Ausbildung
des Mythus vom Grendel und vom Drachen, in
denen wir nach Müllenhoff Personifikationen der
das Land überschwemmenden und alles zerstören-
den Fluten zu erblicken haben.

Dass dies alles aber die Denkweise der verschiedenen Kreise in gleichem Masse beeinflusst
habe, ist nicht wohl wahrscheinlich, und die mut-
masslich verschiedene Einwirkung wird wiederum

in der Bezeichnung der einzelnen Begriffe zum
Ausdruck gelangt sein.

Ob und wie weit diese Vermutung gerecht-
fertigt ist, mag sich aus einem Vergleiche des Wortschatzes ergeben. Es wird die Uebersicht erleichtern,
wenn die Ausdrücke für die hier in Betracht
kommenden Begriffe in Form einer Tabelle zusammengestellt werden.

Wortschatz:

für Gott:

in Á.

god 72. 227. 711. 685
Epith. wittig 685
K. dryhten 441. 686. 1841
Ep. hálig 686. wittig 1841
K. fæder alwalda 316
alwealda 928. 955
metod 670.

in F.

god 2874
K. dryhten 2796 Ep. éce
waldend fira 2741
K. sigora waldend 2875
K. freá ealles 2791.
K. wuldur-cyning 2795.

in G.

god 2650. 3054.
se wuldend 3109
metod 2526
K. sigora sód-cyning 3055
pl. þeódnes mǽre 3070

in X.

god 1307
K. drihten 1398. 1779
Ep. wihtig 1398. éce 1778
metod 1778

für Mensch. (Menschheit):

in Á.

mon 510. 534
ylde 77.
K. fold-blend 309
mon-cyn 196. 712
Kenningar: yldo- bearn 70
ylda-bearn 605

in F.

mon 2771
elde 2314. 2611. 3169
K. fold-blend 2274
feorh-cyn 2265
fyras 2250. 2741

in G.

mon 2297. 2527. 2761 (fyrn-)
elde 2214
nið 2215
gum-cyn 2765
K. hæleða bearn 2225

in X.

K. fold-blend 1355
K. lond- blend 1345
K. gumena bearn 1367.

Leben (Subst.):

in Á.

aldor 510. 538. 661. 680. 822. 955
feorh 73. 439. 578. 933
líf 197

in F.

ealdor 2498. 2599. 2624. 2740
feorh 2668. 2706. 3013
feorh-lagu 2800
líf 2432. 2571. 2743. 2751. 28 23

in G.

feorh 2655

in X.

aldor 1371 1442 1447. 1478. 1779.
feorh 1293. 1370

gehen etc:.

in Á	in F.	in G.	in X.
cunnan 244. 825			
neósan 1791	neósan 2671		
féran 316	féran 2361	faran 2308	féran 1390
gangan 314. 726. 1814	gangan 2756. 3031.	gangan 2409. 3123. 3125	gangan 1401. 1408. 1412
gewitan 662			
hweorfan 356	hweorfan 2888	ymb-hweorfan 2295	
rídan 1893	rídan 3170		
sígan 307			
treddian 725	wadan 2661	gestapan 2289	
sécean 200. 339. 376. 417. 458. 645. 821. 1820		sécean 2380. 2513. 3102. 2223	
gesécean 463. 520.		gesécean 2346. 2515. 2926.	
gewitan tó hám faran 124	gewitan sécean 2819—20	gewitan niósan 2387-8. 3044-5	
gewitan féran 301	gewitan scrídan 2569		
gewitan neósian 115	gewitan secawian 2401		
gewitan wícge rídan 234			
cuman gangan 710	cuman niósan 2269	becuman niósan 2365—6	nton féran 1390
gangan cuman 324		uton ní efstan, scón ond sécean } 3101-2	
lædan cuman 239			
scrídan cuman 650		wuton gongan 2648	
sécean cuman 268			
metan mere-stráte 514 (= schwimmen)			
Kenningar: græs-moldan tredan 1881	el-land tredan 3019		
beorhte frætwe beran etc. 213-5	hioro-sercan beran 2539	linde beran 2365	wræc-lástas tredan 1352
gár-holt beran tó geoce 1834	wíg- heafolan beran 2661	sweord beran 2518	

wǽpen ond gwǽdu beran 292

aldre benéotan 680
geslean 459
sweorde swebban 679

tô bonan weordan 460

Zu vergleichen ähnliche Wendungen:

sê-þe hine deád nimed 441
heaðo rǽs fornam mere-deor 557

gif gâr nimed etc. 1846—7

K. onweg lweorfan of geardum 265
his aldres wæs ende gegongen 822

---

wǽpen tô sæcce beran 2686

töten:

âbredwian 2619
âbreótan 2707.
cf. swefan 2256, 2746 (sâre wund-)

tô bonan weordan 2203, 2502. 2613

bân-hûs gebrecan 2508

deád hie alle fornam 2236
gold-deád fornam, feorh-bealo etc. 2249—50

bealo-cwealm hafad onsended 2265—6

wyrd alle forsweóp tô metod-sceafte 2814—5
(wyrd = Geschick 2574. 2811. 3030)

K. gewîtan of aldre on ford-weg 2625
K. alǽtan lîf ond leódscipe 2750—1
K. âlecgan hleahtor, gamen ond gleó-dream 3020

---

aldre benéotan 2396
slean 2355.

= tot sein

Tod = feorh-bealu 2537
cwealm 3149
sonst zu vergl:
gald nimed 2536
ecg hine fornam 2772

sterben:

sweltan 2358
feorh-wunde hleótan 2385
of lîc-haman bǽne weordan 3177—8

âbreótan 1298
heaf.le beceorfan 1590

tô hand-bonan weordan 1330

deád 1278. 1388. 1589

gif mee hild nimed 1481

aldre linnan 1478

sterben:

sterben:

in Á.	in F.	in G.	in X.
	K. ceósan bàl 2818	him þæt tó nearce weard 2384	ende gebidan worold lifes 1386—7
	geféran ende lénan lifes 2844-5		K. ford-gewìtan 1479
	ofgifan líf 2251		
	hràn deádes wylm æt heortan 2269—70		
	ellor sceacan 2254		
	þonne min sceaceð líf of lice 2742—3		

König:

in Á.	in F.	in G.	in X.
æðeling 3	æðeling 2667. 2708. 2715	æðeling 2374. 3135.	worold-cyning 1684
aldor 346. 392. 592. 1848	dryhten 2402. 2560. 2576. 2733. 2789. 2901	mon-drihten 2647. 3149	
dryhten 1824 sige-dr. 391	wine-dr. 2722. freó-dr. 2627		
wine-dr. 360 mon-dr. 436	mon dr. 2604. 2849. 2865		
cyning 1851. 1870 gùd-e 199	cyning 2209. 2417. 2702. 3093. 3172	cyning 2390. 3121	
þeód-c. 2, heàh—c. 1039	gùd-c. 2563. 2677. folc-c. 2873	gùd-c. 2335. sè-c 2380	
freá 291. 351. 500. 271. 359	þeód-c. 2579. 2694. 3008. wyrnld-c. 3181.		
þeóden 353. 365. 417. 1871.	freá 2662. 2853. 3002.	freá 2538. 3107	
màre þ. 201. 345.	þeóden 2709. 2721. 2786. 2810. 2869. 3079.	þeóden 2336. 2656	
brego 427. 609			

helm 1321

helm 2381

helm 2705

helm 371. 456
hleó 429. 1035
eodor 428. 663.
leód-gebyrgea 269
hyrde folces 610. 1849
brytta 352 (beága-) 607 (sinces-)

gold-wine 1476

folces hyrde 2644
sinc-gifa 2311

rices hyrde 3080
bealdor 2428 (sinca-) 2567 (-winia)

gold-gifa 2652

wil-geofa 2900
wine 3096. gold-w. 2419

freá-wine 235 7.

freá-wine 2430

wine 350. 376.
freá-wine 430

Gefolge oder Krieger:

æþelinga bearn 1408

æþelinga bearn 2597

æþelinga bearn 118
beorl-genéatas 343

heorð-genéat 1580

heorð-genéatas 3180
dugud 2658

heorð-genéatas 2418
dugud 2238. 2254.

heorð-genéatas 261
dugud 160. 359. 498. 1790
geogud 66. 160

gesið 1297

gesiðas 2518. 2632

heal-sittende 2868

flet-sittende 1787. Ep. ellen-róf
eorla gedriht 357. 431
haleða gedriht 662
mago-driht 67
sib-gedriht 387. 729

hond-gesella 1481

fyrd-gestealla 2873
hand-gestealla 2596

þegu 1419. 1574. mago þ. 1490

þegu 2224. 3121

bág-gesteald 1889. Ep. módig
magas 1853. wine-m 65
þegu 123. 194. 235. 400. 491
magu-þ. 293. 405. sele-þ. 1794

weorod 2346

weorod 3030. eorl-w. 2593

weorod 259. 290. 319. 652

Gefolge oder Krieger:

in Á.

beorn 211. 1024. guðt-b. 314
eorl 202. 416.
corl 248. 369. 769. 1891
guma 127. 215. 321. 368. 652. 1843
gum-mon 1028 driht-g. 1790
hæleð 331. 497. 611
mon 201. 337. 1835
ombiht 287. 336
ombiht-þegn 673
oret-mecg 332. 363
rinc 399. 412. 728. 741. 747
heaðo-r. 370. guðt-r. 1881
magu-r. 730. sæ-r. 690
senda 1895 seeotend 703
secg 213. 402. 490. 249
wer 216
wigend 429. 1814
scyld wiga 288

Kenningar: scyld-freca 1033
guðt-fremmende 246
lind- hæbbende 245
searo-hæbbende 237
byrnum werede 238

in F.

beorn 2260. 2433. 2559
cempa 2502. 2626 folc-c. 2853
eorl 2891. 3077

hæle 3111

hæleð 2262. 3111. 3142

oretta 2538

secg 2708. 2863. 3028. 2700

wigend 3009. 3024. 3144
gar-wiga 2674. 2811. lind-w. 2603
wig-freca 2496

bord-hæbbende 2895
hilde-hlemma 2201

in G.

beorn 2104 folc-b. 2221

hæleð 2225

guðt-rinc 2648
hilde-rinc 3124

secg 2227. 2352. 2406. 3071. 3128. 2530
gar-wigend 2641
hilde-freca 2366

helm berend 2517. 2642
hilde-hlemma 2351. 2544
byrnum werede 2529.

in X.

beorn 1299
cempa 1585
eorl 1281. 1328. 1420
driht-guma 1388

hæleð 1296

leóde 1345

guðt-rinc 1501
hilde-rinc 1576

rand-wiga 1298

sele-rædend 1346

lind-hæbbend 1402

hearpe 89

scop 90. 496

hearpe 2262. 3023
K. gleó-beám 2263

Sänger:

Dänen:

Gauten:

Kampf:

in Á	in F.	in G.	in X.
beadu 700		heado-weore 2299),	
gewin 743		gesloht 2308	
gúd 527, 603, gúd-geweore 1825	gúd 2191, heado geweore 2892	gúd 2353, 2512, 2536, 2513	hilde 1181, 1588
hild 612, 1817	hild 2258, 2575, 2684.	hild 2298	sæeu 1615
sæeu 600, 1857	sæeu 2499, 2562, 2612, 2681, 2686	sæeu 2317, 2659	wig 1770
wig 65, 685, 1042	wig 2316, 2433, 5649, 2672	wig 2318 fǽh-wig 2364	gúd-rás 1577
k. heado-rás 525, 557	gúd rás 2129, 2646	gúd rás 2356, wǽl r. 2531	
Kenningar: billa hrǽra 583, here-br. 662.			
heado-lác 584, sweorda-gelác 1040	orleg-hwil 2125	orleg-hwil 2407	orleg 1326
nið 897, sæeu-nið 582	nið 2317, 2585, sæeu-n. 2738	nið 2330, 2397	fǽhde 1380

wæl-gewáde 1142

Rüstung:

in Á	in F.	in G.	
gewǽde 292, gúd-gew. 227, here-wǽde 1897.	gúd-gewǽde 2617, 2623, 2730 2851, 2871	hilde-geatwe 2362	
gryre-geatwe 324 hilde-geatwe 674			
gúd-getáwe 395, wig-getáwe 368		gúd-getáwe 2636	
heado-reaf 401			
searo 249, 323, 1813	searo 2568, 2700	searo 2530	
gúd-searo 215, 328 fyrd-s 232	fyrd-searo 2618		

spec. Panzer:

Helm:

helm 342. 404. 672 1022. 1030. grîm-h. 334

Kenninga r: here-grîma 396 eofor-lîc 303

helm 2255. 2615. 2723. 2811 2868. 3139. gúd-h. 2489

breдn-grîma 2257 wîg-heafola 2661

helm 2539 2668. 2659. 2762

eofor 1328

helm 1286, 1290. 1448 1629

Schild:

scyld 325. 333. 437 hilde-bord 397

scyld 2570. 2675. 2850 bord 2259. 2673. hilde-b 3139 bord-hreoða 2203

bord 2524

Kenningar: rand 326, 231. 656, 682

rand 2609. 2538. 2566. 2673

rand 2653

geolo-rand 438

bord-rand 2559 lind 2610 Ep. geolo

byrdu-serûd 2660 lind 2365

sûl-rand 1289

Schwert:

wæpen 250. 292. 331. 685 434 bil 583 hilde-bil 557

wæpen 2687 bil 2508. 2621. 2777. hilde-b. 2679

wæpen 2395. 2519 bil 2859

seg 684

mêce 2611. 2685. hilde-m. 202

breodn-mêce 1454

sweord 437. 539. 586, 672. 680 1040. 1900. maþþum s. 1023

sweord 2252. 2492. 2681 2499 2508. 2562. 2610 2616. 2700

sweord 2386. 2518. 2668. 2659. 3048

sweord 1289

Kenningar: yrfe-lâf 1903 (ln-lâf 1032 íren 673 1848 bring-íren 321 ord 556

lâf 2563. 2577. 2628

íren 2259. 2585. 2683 ecg 2506. 2577. 2576

ecg 2772

leoma 1570 heoru in der Verbindung heoru-sweng 1590 ecg 1575. 1772 heard-ecg 1288

Erde:

auf Erden:

in Á.

Kenningar: under heofenum 505
under roderum 310
under wolcnum 651

Grendel:

se ágláca 159. 433. 646. 739. 592. 816
Ep. atol 592. 816
cwealm-cuma 792
deáð-scúa 160
feónd 439. 725. 748
fyrena hyrde 750
harm-scaða 766
mán-scaða 712
se láþa 1332. 440
wiht unfǽlo 120
Ep. bealo-hýdig 723
inwit-þanc 749
wráð 660

in F.

se ágláca 2557

feónd 2706

gold-scaða 2318 úht-scaða 2271
beód-scaða 2278. 2688
gǽst 2312 gryre-gæst 2560
inwit-gǽst 2670 níð-gǽst 2699
Ep. neáre-fáh 2317
gryre-fáh 2576

draca 2211. 2402. eord-dr 2712
2825 fýr-dr. 2689
wyrm 2316. 2567. 2629. 2669
2705 2745. 2759
lyftfloga 2315
hring-boga 2561 gebogen 2569
hord-weard 2302. 2554. gold-
w. 3081

Drache:

se á glǽca 2520. 2534

in G.

in X.

under swegles begong 1773

he sám tweónum 1297. 1685
under wolcnum 1770

Grendel:

ealdgewinna 1776
ingenga 1776

meare-stapa 1348
ellor-gást 1349
synnig secg 1379

Grendels Mutter:

wæfre wæl-gǽst 1331
brim-wylf 1506

mon 25, 155, 785
mon-cyn 110, 164, 701, 510
ylde 705

K. ylda bearn 150

abbor 718, 757 (dagas)

hf 790, 805

hlban 99
wordum wealdan 30
160 dagas agan 31

mapelian 631
scegan 54 (to seak
spreean 618 (þrÿd word)

wer þeol 580

K. gumena bearn 878

abbor 1335, 1069, 1655, 1779
feorh 1210, 1306, 1781
hf 1536

hlban 971

K. leah hordes brihean 821

mapelian 1215
scegan 1175, 1508, 1019(to) sið
after rihte) 876, 880
spreean 1168, 1171, 1215

Leben :

firas 2001
ylde 2116

abbor 2003, 2163
feorh 2111
cf. lif wyn 2097

leben :

hlban 2005, 2111

K. lif wynna brihean 2097

roden :

mapelian 1999
scegan 1997 (hanc- ge- 2137

reccan 2106 2093

mancyn 2184
guma 1498

abbor 1565
feorh 846 in feorh-listas

mapelian 1651
scegan 1700

spreean 1698

reden :

in D.

gîd wrecan 1065 spell wrecan 873
cwedan 1810. 874(ge-)
styrian sît 872 (= erzählen)
wordum wrîxlan 874

in E.

gîd wrecan 2154
cŷlan 1970
grêtan 2009
hleodor-ewîde gegrêtan 1979-80

in C.

fêran 1652
gewîtan 1601
treddian 922
gangan 926 (geong) 1316 (gang)
1009 (gang) 1295 (gang)
1626 (eodon)

gehen etc:

neôsan 1125, 1806 (ceoles-)
sêcean 1869
cuman 1869
hweorfan 1188
faran 1805
forsîdian 1550

neôsan 2073
faran 1908
gesêcean 1922
hweorfan 1980 grond-hw. 2017
gangan 2019, 2083 grg. 1967
sîdian 2119, sîd dreôgan 1966

cuman gangan 1642
cuman ingangan 1644
sêcean cuman 1597
gangan neôsan 1785-6
feorh-lâstas beran 846
fold-weg metan cêhte strâte
1633-4
medu-wongas tredan 1643
brim lâde teôn 1051
eft-sîd teôn 1332

gewîtan neôsan 2073

cuman gangan 1973-4
neôsan cuman 2073
gewîtan sê-wong tredan 1964

Kenningar: beorhte frætwe
beran 896

in B.

gyddian 630

neôsan 125
sêcean 208, 756
gesêcean 692, 717
wadan 714
gewîtan 42

cuman sîdian 720
cuman scrîdan 702
gewîtan fêran 26

zu vergleichen Wendungen wie:

deád fornum 488. 695 (wǽ) wíg fornum 1080 gúð- 1123 deád fornum 2120
gif mec deáð nimeð 447 wyrd forum 1205 hild wæs onsǽge 2076
gif mec hild nime 452 oðþe mec deáð nimeð 1491

Tod:

deáð 447. 488 wæl- 695 deáð 1191. deáð-cwealu 1670 deád-cwalu 1712
      swylt 1255
Kenningar: aldor-gedál 805 sword-bealo 1147 líf-gedál 841
feorh-bealu 156   aldor-bealu 1676

sterben:

ende dæg gebídan 637—8 sweltan 1617. 892 (morðre) feorh-bealo 2077 feorh ealgian 851
Kenningar: Scyld ge- worold ofgifan 1681 feorh wæs ðégenge 213 ðú þweorfan of mon- } 1714-5
wát tó gesceap-hwíle } 26—7 worold oflátan 1184   dreámum
féran on freán wǽre gewítan ðóne ráð 1201
   metod-secaf séon 1180

König:

cyning 619 (sige-róf-) cyning 863 (gúð-) 867. 1306 fróð-, cyning 2158. 2191 (heat) þ-róf-) cyning 92). 1010
aldor 668 1153. 1210. 1155. (cord-) 1969 (gúð-c) beorn-c. 2148
æðeling 33. 130 1885 (ǽn-) fród-cyning 2144 drihten 1050 (eorla-). 1181
freá 611 drihten 1831 freá-dr. 1160 drihten 2090 man-dr. 19 8 drihten weoroda 2186
þeóden 31 mǽre þ. 129 wine-dr. 862. man-dr. 1229 leód 2159 þeóden 1675 mǽre þ. 1303 1715
K. land-fruma 31 freá 1166 þeóden 2 95. 2131 freá 1319
K. wíg-fruma 664 þeóden 1035. 1209 (ríce-) 1537 mǽre þ. 1992 leód 1653
   mǽre þ. 1045 K. leód-fruma 2130 K. hild-fruma 1678
      snottra fengel 2156

in B.

Kenningar: éðel-weard 616

leága brytta 35

wine 30 148

ewén 613. 665. 641 (folc-)
623 (beág-broden-)

dugud 488. 622
geogud 622
leóde 24. 634
secga gedriht 633

gesiðas 23 (wil-) 29 (suá se-)
þeód 613

in C.

eald éðel-weard 1702
leóð-horda weard 921
endor 1044
beága brytta 1487
sinc-gifa 1012
gold-wine gumena 1602

æðelingas 982. 1294. 1535

dugud ond iogod 1674
bold-gecnéatas 1713
heord-geneátas 2180
leóde 1673. 1708

æxl-gestealla 1714
hand-scalu 1317
sceale 918 beor-scealc 1240
gesiðas 1313 eald-ges. 853
secga-gedriht 1672
þegn 1627. 1644. 1673. 1698
heáp 1627

þeód 1250
weorod 2186

König:

in D.

hord-weard hæleða 1047
corla hleó 1866
wígendra hleó 899
sinces brytta 1170
beág-gifa 1102
wine 1183 gold-wine 1171

ewén 1153

in E.

corla hleó 1967. 2190. 2142

sinces brytta 1922

wine 2101

Königin:

mæru ewén 2016
K. friðu-sib folca 2017

Gefolge oder Krieger

æðelingas 1112 1225 (aeðig.)
1804

eorler 1153
gregod 1190
nýd-gestealla 1882
þegn 867. 1081. 1085. 1230.
1341. 18??

þeód 1230
weorod 1215

æðelingas 1920

dugud 2020
flet-sittende 2022
heal-sittende 2015
hond-gestealla 2169

leóde 1982. 2095
lind-gestealla 1973
hond-scalu 1963
gesiðas 1924
weorod 2014

driht-guma 99
mon 380. 779. 155   mon 1915   mon 1284 (wæpned-). 1634
                                                   (cyning-beald-)

oretta 1532
hæled 190 hæle 719   hæled 1069. 1198. 1830   hæled 2024 hæle 1983   hæled 1709. hæl. 1646
hnæfda bearn 1189
beadu-rinc 1109. gúd-r 1118
here-r. 1176 hilde-r 1307 1576   rinc 1677. gúd r. 838. hilde-r.
                                                 1495

mægen 155. 445   secg 871   secg 2019   secg 842. 980. 996. 947. 1569.
                                                 1311

oret-mecg 481   K. scótend 1154. 1803 scota 1026   wigend 1967
secg 208   scáda 1803   wer 1233. 1256
wiga 629   wer 1222. wigend 1125   wiga 1559
Kenningar: sele-rædend 51   wrecca 898. 1173   freca 1563
                      Ep. blód-ágend 1013
                      sweord-freca 1168. wíg.fr. 1212

regieren:

ringas dælan 1970

Dänen:

Dene 668 Nord-D. 783   Dene 1090. 1158. 1670   Sid-Dene 1996. Denia leóde 2120   Dene 1720 Hring-D. 1279
Eást-D. 616. West-D. 683   Deniga leóde 1712
Deniga leóde 696   Here-Scyldingas 1108   Sige-Scyldingas 2004   Scyldingas 1601 (hwate) ár-S-
Scyldingas 778   1710
Hréðmen 445   Peód-Scyldingas 1019   eafora Ecgwelan 1710
                                                    Ingwine 1044. 1019

Gauten:

Geátas 378. 625.   Geátas 1171. 1173. 1191. 1202   Geátas 1911. 2192   Geátas 1484. 1642. 1836
Geáta leóde 205. 443   1551. 1831   Sæ-Geátas 1996   Gúd-G. 1538
Wederas 423. Wedera leóde 697   lidmen 1623   Wederas 2120   Weder-Geátas 1492

Kampf:

	in B.	in C.	in D.	in E.
	gewin 191	beadu 1539	gewin 877. fyrn-g. 1689	ghd 1997.
	ghd 483. 630	ghd 2178 ghd-geweorc 981	ghd 1123. 1472. 1535. 1657	hild 1990. 2076
	hild 452		hild 1460. 1659	K. wǽl rǽs 2101
	K. hild-rǽs 300		K. mæcgen-rǽs 1519	sacu 1977. 1989
	wig 23		sacu 1665	
			wig 886. 1080. 1083. 1337. 1536. 1770	
Kenningar: ecg-hete 84		beadu-lác 1560	ecga gelác 1168	wig-hete 2120
		fǽhd 1537	fǽhde 879. 1207	beadu-lác 1974
			hond-gemót 1526 torn-g. 1140	mǽre gemétïng 2001
			lind plega 1073	
			nid 882	orleg-hwil 2002
			cf. Irène dǽd genéhan 889	
			feohtan fremman, frécne gend-	
			ran 959	

Rüstung: (Panzer)

	in B.	in D.	in E.
	byrne 40	byrne 1552 (beado-)	hár-byrne 2153
	beado-wǽd 39	breóst-gewǽdu 1211	breóst-gewǽdu 2162
		syrce 1111. 1511 (here-s,)	hilde-sceorp 2155
Kenningar: hrægl 154		hrægl 1217. 1527 (fyrd-h)	
beadu-serúd 453		breóst-net 1548. here-net 1553	

Helm:

	in B.
	searn 1813

bil 1557. (sige-eadig-). 1607
(wlg.) 1569

sweord 1546. 1554 (eald-) 1569
1605. 1696

yrfe-láf 1053

íren 989 (ár-gód-) 1697 (cy-t)

fetel-hilt 1563

bunden heoru 1285
hring-mǽl 1564
giganta geweorc 1562

Wurfgeschoss

Prxc-wudu 1246

---

bil 1143. 1520 (hilt-b.)

mǽce 1812. 1457 (hæft-)
sweord 884. 890. 1106. 1615.
1667. 1808
wǽl-s. 1489. eald-s.1663 (eacen-)
eald-láf 1488. 1688. ecg 1145.
1168
íren 1809 (heolfe-) 892 (dryht-
lic-)
beadu-leóma 1523. hilde-leóma
1143
bróden-mǽl 1616. 1667
hring m. 1521 wunden-m. 1531
gúd-wine 1810

sweord 2193
gúd-s. 2154 (geatolic-
ecg 2140 (eacen-)
láf 2191

Kenningar: ecg 457. 805

---

brium 28. 570
Odd 42
Brontford 567
holm 48. 632

Meer:

brim-streamas 1910
fiord 1916

fiód 1659. flóda begong 1826
geofon 1691
holm 731
mere 1130
sǽ 1223
sund 1510
wǽtres wylm 1693
ýd 1909. ýda-gewin 469
ýda-ful 1208

brim 847. 1594 brim-wylm 1494
flóda begong 1497

holm 1914. 2138
holma gehring 2132
cf. mere-grund 2100
sealt water 1989
wylm 2135
ýd 1807. 1434

holm 1592

mere 845. 855. 1803
deóp 850

ýd-gebland 1593
atol ýda geswing 848

Kenningar: ýd 46. 26

in A.   **in D.**   **Schiff:**   **in E.**   **in C.**

Schiff:

in A.	in D.	in E.	in C.
scip 35	scip 1154	scip 1917 (sūd-fæþme-)	
fær 33	sǣ-bāt 895		
sǣ-bāt 633	ceól 1806	ceól 1912	
ceól 38			
Kenningar: hringed stefna 32	hringed stefna 1131	bunden stefna 1910	
sund-wudu 208	sund-wudu 1906 Cu. (flotig-	wudu 1919 (wynsum-)	
	heals 1909)		
		sǣ-genga 1908	
		wǣg-flota 1907	

Erde:

in A.	in D.	in E.
	eorde 1532	eorde 2007
	fold 1157. 1196	

auf Erden:

in A.	in D.	in E.
Kenningar: under heofenum 52	on foldan 1196	ofer eordan 2007
under wolcnum 714	under swegle 1078. 1197	under heofenes hwealf 2015
	under wolcnum 1631	ofer grundas 2073

Sonne:

in A.	in C.
leoht 569	K. heofenes gim 2072
. beorht beacen godes 570	K. worold candel 1965
	sigel 1966

Grendel:

in C.
K. morgen-leoht 917

helle-h..fta 788
hel-þegn 142. 710
rinc dreámum bedǽled 721
mearc-stapa 103
syn-scada 707
·e wrát 708
wonsǽli wer 105

heó-scaft guma 973
maga mâne fâh 978
mân-scada 1334.
lâd-getcóna 974

Grendels Mutter:

mihtig mere-wif 519
ele-gyst 1545
grund-wyrgen 1518

heáð-scada 2.93

wíf unhŷre 2120

h·den 986
se lâd 841.
hilde-rinc 986
·e tir-leás 843
serig-môd 844

idos áglâc-wif 1259
feorh-genidla 1540
brim-wylf 1599

Wortschatz der interpolirten Stellen in

Gott:

I. Abenteuer.	II. Abenteuer.	III. Abenteuer	IV. Abenteuer.
god 13. 478	god 930. 1271. 1751. 1725 (mihtig-)		god 2469. 2858
drihten god 181	wittig god 1056 (syn. mit wyrd)		
K. drihten 441. 187	K. drihten 940		K. ēce drihten 2330
se ælmihtiga 92			
1. dǽda dēmend 181			
feder 188			
metod 180. 169	metod 945 (eald-) 1057		
K. heofena helm 182	K. anwalda 1272 alwalda 1314		
K. wuldres waldend 183	K. wuldres walden 1752		waldend 2292. 2329. 2857
	K. wuldres hyrde 931		

Mensch:

I. Abenteuer.	II. Abenteuer.	III. Abenteuer	IV. Abenteuer.
men 162	manna cyn 914. 1725	mon-cyn 1955	mon 2281. 2283. 259
non cyn 735	guma cyn 941. 1058	cormen-cyn 1957	guma 2859
cynna gehwylc 98	niða bearn 1005		
fyras 91	grund-būend 106		fyras 2286
Kenningar: land būend 95	sáwl berend 104		fold-būend 2274

cwedan 92
secgan 90

mânan 857
secgan 1724
gid âwrecan 1724

faran 254

gangan 1404
faran 1404

gewitan ridan 855
cf. gewitan fleón 1263
K. strâtc metan 916
K. medo-stig gemetan 924

deâd 1768
swylt 1436

reden:

cwedan 2041 word âcw. 2046   cwedan 2939
sprecan 2069
secgan 1945
gid âwrecan 2108
spell reccan 2109—10   gid wrecan 2416

gehen etc:

gangan 2054   gewitan 2460
geseccan 1951   seccan 2272. 3001. ges. 2204. 2275
gewitan seccan 2949—50
faran cuman 2915. 2945

Tod:

cwealm-bealu 1940   deâd 2451 wundor-d. 3037
deâd 2168
gâr-cwealm 2043   K. ellor-sîd 2451
K. worulde gedâl 3068

töten:

IV. Abenteuer.

ábreótan 2930
ofsleán 3060
ealdre besnyðan 2924
flâne geswencan 2438
méces ecgum getan 2939—40
gâre ofsceótan 2439—41
Irena ecga lornamon 2828
sáwle sáwle hord, } 2422-23
sundur gedǽlan lif wið lice }

sweltan 2774. 2782. 3037
ealdres linnan 2413
K. ofgifan gum-dream 2469
K. álátan lén-dagas 2591
gebídan lén-gaga
woruld-lifes } 2342
ende }
gewitan cf. lííc 2471
geféran lif-gesceaftu ende 3063
K. geceósan godes leoht 2469
K. wic cardian elles hwergen 2589—90
cf. þurh dǽda nýd } 2454
deáðes gefandjan }
cf. þurh hwæt his wornlde-
gedál } 3068
weorðan secolde }
K. grund-wong ofgifan 2588

II. Abenteuer.

tô ecg-bonan weorðan 1261—2
gehnǽgan 1274
feores getwǽfan 1433

III. Abenteuer.

deáð rénian 2168
sleán 2050. 2179

sterben:

cf. blôd-fâg swefan 2060

K. lif-dagas ollétan
ond þæs bânun gesceaft } 1622
þæt se lic-homa láne }
gedreosed } 1754—5
fǽge gefeallað }
K. gewitan deáð-wic seón 1275
cf. hine swylt forniun 1436
cf. þæt þec deáð ofer-swýðed 1768

I. Abenteuer.

tô bonan weorðan 587
gedǽlan lif wið lice 731
swebban 600
on healfa gehwone
heawan } 800—1
sáwle séccan }
cf. wyrd forsweóþ 477

K. drihten sécean 187

cf. fæder ellor hwearf
aldor of earde } 55—6

aldor 156
cyning 11
leód-cyning 54
ráswa weoroda 60

cwén 62

healdan Scyldingas 57

wíg-heáp 477
flet-werod 476

man-drihten 1249
freá 1680
þeóden 910

cwén 923

healdan hleó-burh wera 1707
hám eahtian 1407
K. folc gehealdan, hord
  ond hleó-burh,
  hwleþa ríce, éðel Scyl-
  dinga } 911-13

Gefolge oder Krieger

dugunð 2035
gesíðas 1934 (swíðu-) 2010
                      (swǽse-)

cyning 1925 (brego-róf-)
  2110 (rúmheort-)
brego hæleða 1954
þeóden 2032. 2174

Kenningar: ríces hyrde 2027

wine 2026
sinces brytta 2071

Königin:

folces cwén 1932
K. freoðo-webbe 1912
Ep. gold-broden 1948. 2025

regieren:

éðel healdan 1959 – 60

ealdor 2920
cyning 2912. gúð-c. 3036
  þeód-c. 2970. 2963
dryhten 2338. 2991
hild-fruma 2935
þeóden 3037
eald-hláford 2778
æðeling 2342. 2424
helm 2462
folces hyrde 2981
hleó wígendra 2337
gold-wine 2584

folc-réd fremman 3006

dugund 2920. 2945
sige-þeód 2204

Gefolge oder Krieger:

I. Abenteuer.
weorod 60
sceadena þreat 4

eorl 795. 761
guma 474
hilde mecg 799

Denigu leode 599
Scyldingus 274. Sige-Sc. 597

Wederas 423
feor-bilend 254
mere-liðende 255

feohte 576
gewin 798
gūð 438
K. wæl-ræs 824
searo 419
ecg-þracu 596

II. Abenteuer.
magu-þegn 1405
beorn 856
cempa 1761
driht-guma 1768
snotor ceorl 908. 1591
hæled 912
rinc 952
wer 1269
Kenningar: rond-hæbbend 861
secg 1759

hild 901

snen 953 ges. 1737
wīg 1263
Kenningar: ecg-hete 1738

III. Abenteuer.
leode 2033
þegn 2033. 2059

cempa 2044. 1948
guma 2043
hæled 2052. 1954. 1961. 2072

æsc- wiga 2042

(ealo-drincende 1945)

Dänen:

Gauten:

Kampf:
gefeoht 2048

gūð 1958
K. hond-ræs 2072
snen 2029

lind-plega 2039
wīg-bealu 2046

VI. Abenteuer.
þegn 2977
æðeling 2342
ceorl 2972
eorl 3063
hæled 2458. 3005
rinc 2985. heaðo-r. 2466
byrn-wiga 2918

gūð-freca 2414
hild-freca 2205

Wederas 2462. 3037
Hrēðlingas 2960
heaðo-liðend 2955
sæ-men 2954

gefeoht 2411
hild 2916. 2952
gūð 2483. 2878
K. gūð-ræs 2991 wæl-ræs 2947
snen 2472
wrōht 2173. 2913
inwit-searr 2478
nīð 2206. here-n. 2474

Schwert:

gūð-bil 803
sweord 437. 574
Kenningar: īren 802
eald-lāf 795

ecg 1763
enta ǣr-geweorc 1679

mēce 1765

bil 2060
mēce 1938. 2047
wǣpen 2038

dȳre īren 2050
sceaden-mǣl 1939
gomela lāf 2036
Ep. heard ond hringmǣl 2037

bil 2485. gūð-b. 2584
mēce 2978. 2939
sweord 2936. 2961. 2987. 2979.
2880. 2904. 2936

wǣpen 2965
īren 2828. 2586

Wurfgeschosse:

gār 1765
strǣl 1746. here-st 1435

bōn-gār 2031

gār 2440
flān 2438

Panzer:

īren byrne 2986
hyrste 2988

Helm:

helm 1745

K. here-grima 2049

helm 2973. 2979. 2987

Schild:

K. flōdes wylm 1764
holm 1435
sǣ 858
ȳða 1437
ȳð-gewin 1434

wīg-bord 2339
K. lind 2341
bord-weal 2980
K. holt-wudu 2340

Meer:

feulu flōd 1950

ēg-streámas 577
wæter 83
Kenningar: bron-rād 10
ȳð 421

hæf 2477
wīd wæter 2473
ȳð-gewin 2412

I. Abenteuer.

corde 92. 802
fold 96
white-bcorht wang 93

ofer cordan 802
Kenning: under hrofenes
    hwealf 576
under wolcnum 8

sunne 94
K. leóma 95 (bezeichnet auch d-
    Mond, sonst môna 94)

Grendel:

âglâca 425. 433. 732 (atol-)
feónd 279. 439
deogol dâd-hwata 275
eoten 761
se lâpa 440
se mâra 762
hel-rûna 193
sceada 274. dol-sc. 479
mân-sc. 737. syn-sc. 801
Pyrse 426

II. Abenteuer.

K. cormengrund 859

ofer cormengrund 859
under swegles begong 860
be sâm tweónum 858

âglâca 1000. 1269
feónd 1273
feónd man-cynnes 1276
heorn-wearh hetelic 1267

helle-gâst 1274
deófles 1680 Gr. s. Mutter
letztere auch als ellor-gâst 1621
    bezeichnet.

III. Abenteuer

be sâm tweónum 1956

IV. Abenteuer.

corde 2415. 2831. 2855
fold 2274. 2975
hrûse 2276. 2831
middan-geard 2996

on cordan 2855
on hrûsan 2276

on middan-gearde 2996

Drache:

se âglâca 2592. 2905
caldor-gewinna 2903
feorh-genîðla 2881

se lâpa 2010
gûð freca 2414

Erde:

auf Erden:

Sonne:

Die in den Rubriken vorangestellten eigentlichen Bezeichnungen wird man meist als Gemeingut aller Kreise betrachten dürfen, etwas Subjec-
tives und Individuelles in der Anschauung ist bei
diesen nicht zu erwarten. Es wird sich daher nur
beobachten lassen, ob mehrere von diesen in irgend
einem Abschnitt gegenüber anderen bevorzugt
oder ausschliesslich gebraucht werden.

Letzteres scheint bei einer Gegenüberstellung
der nach ten Brink ältesten Teile Á und F für Á
in folgenden Fällen sich zu ergeben:

> aldor 4 brego 2 für König; gedriht und Compos. 7. guma
> und Comp. 8 mágas 2 ceorl 2 oret-mecg 2 rinc 9 ombeht und
> Comp. 3 für Krieger; Comp. v. geatwe 4 für Rüstung; streám
> und Comp. 3 sǽ und Comp. 5 sund 4 wæter 4 für das Meer.

> Dagegen für F: fyras 2 für Menschen; cempa 3 für Krieger,
> méce 3 ecg 3.

Es werden bevorzugt in Á:

> sécean 10 (1 gewítan sécean in F) flôd 3 (flôda genipu in
> F) holm und Comp. 4. (holm-wylm F) âglǽca 6 (1 F) feónd 3
> (1 in F); in F: elde 3 (1 ylde in A) tô bonan weordan (1 A)
> lîf und Comp. 7 (1 A) cyning und Comp. 12 (5 A) drihten und
> Com. 11 (4 A) gúd-gewǽde 5 (1 A) bord und Comp. 4 (1 A).

Bei der Beurteilung des Gebrauchs der Kenningar wird noch ein weiterer Umstand in Betracht
zu ziehen sein. Denn da diese dem Sänger verhältnismässig noch am ehesten einen gewissen
Spielraum zur Entfaltung seines Schaffensdranges
wie seiner dichterischen Begabung gestatteten, so
liegt die Frage nahe, ob eine solche Individualität
in den Umschreibungen zur Geltung komme, und
ob Spuren hiervon sich erkennen lassen.

Die Umschreibungen des Begriffes „Gott" sind
wie drihten, freá, cyning aus dem Gefolgschafts-
wesen entlehnt, was vielleicht dazu beitrug, dass

die Verehrung und Liebe, welche man mit dem
Namen Gottes verband, sich umgekehrt wieder auf
den übertrug, von welchem jene Bezeichnungen
drihten etc. entlehnt waren, — auf den Gefolgsherrn. Während Á und alle jüngeren Abschnitte
auch die schöpferische Thätigkeit Gottes in entsprechenden Ausdrücken betonen, ist dies in F nicht
zu erkennen.

Der „Mensch" als „fold-bûend = Erdbewohner"
ist beiden geläufig; dagegen sind ylda bearn und
yldo bearn nur in Á bekannt. „word-hord onlûcan"
und „beadu-rûne onbindan" in Á lassen den Mund
als Hort der Rede erschliessen, während die entsprechenden Kenningar in F (lätan of breóstum
word ût faran und wordes ord þurh-bræc breóst-
hord) eher die Brust als solchen vermuten lassen.

Bezeichnend für F scheint die Verbindung:
þurh-welan brûcan, oder long-gestreóna brûcan für
leben; eine ähnliche Wendung findet sich noch an
interpolirter Stelle des II. Abenteuers: worold brûcan.

Das Substantivum spielt, wie die zahlreichen
Variationen erkennen lassen, die Hauptrolle in der
altgermanischen Poesie[1]), während das Verb bei
untergeordneter Bedeutung selten und nur bescheidene epische Umschreibung erfährt. Ausser
den bereits erwähnten „leben", „reden" werden in
unserm Epos etwa noch „gehen", überhaupt Verba,
die eine Bewegung ausdrücken, sowie „regieren",
„töten", „sterben" poetisch umschrieben; bei den
letzten beiden ist ein gewisser Einfluss christlicher
Lehre nicht zu verkennen, so besonders in F,

---

1) cf. R. M. Meyer a. a. O. S. 16 f.

welches hier grössere Mannigfaltigkeit des Ausdrucks bekundet:

gewitan of aldre on ford-weg,
of hrädre gewät sawol,
geféran ende känun lifes etc. fur sterben.

Neben diesen finden sich in F Kenningar für „sterben", in welchen mehr heidnische Anschauung und Gebräuche durchblicken, so in: âlätan lif ond leód-scipe; oder âlecgan hleahtor, gamen and gleódreám, ceósan bäl etc. Ohne bestimmte derartige Tendenz ist das onweg hweorfan of geardum in Á. Aehnliche Reichhaltigkeit wie F zeigen nur noch Interpolationen, namentlich die zum IV. Abenteuer, wo teilweise durch den Inhalt Anlass zu einer mannigfaltigeren Ausdrucksweise gegeben war. In anderen Fällen war wohl die Gelegenheit zur Variation nicht weniger günstig, aber dennoch beschränkt man sich auf das einmal gebrauchte Verbum. Dies erhellt deutlich daraus, dass in der Kenning „Waffen tragen" für gehen, die mit Vorliebe in den Versionen Á, F und G verwendet wird, wohl die Waffen, also die Substantiva stets variirt werden, dagegen als Verb immer „beran" gebraucht wird (mit einer Ausnahme ferian in Á).

Gemeinsam ist allen Abschnitten, dass mit dem Begriff Königtum auch der Besitz eines Schatzes eng verknüpft ist, wie die Umschreibungen: „folc, burh ond beágas âgan" etc., oder „gehealdan frätwe, bill ond byrnan" besonders deutlich aber „sinc brytnian und sceattas dälan" für regieren erkennen lassen.

Einer gleichen Anschauung verdanken die Kenningar für König aller Abschnitte ihre Entstehung.

Den Schutz, den der König gewährt, heben hervor Wendungen wie „helm, hyrde folces" oder

rîces, weard hᴥleđa oder rîces, êþel-weard; von
seiner Freigebigkeit zeugen: beága oder sinces
brytta, sinc-gifa, gold-gifa, wil-geofa, gold-wine etc.
und von seinem freundlichen, milden Wesen
wine, freá-wine etc. Bemerkenswert sind hier
einige Ausdrücke in Á: hleó 2 eodor 2 brytta 2,
welche nicht in F begegnen, dagegen in diesem
Abschnitt allein: bealdor winia und -sinca.

Beiden älteren Versionen Á und F sowie C
sind geläufig die Umschreibungen des Krieges
durch freca = Kampfwolf und Waffentragende:
byrnum werede, lind-hᴥbbende etc., letzteres nur
noch einmal in X.

Dass den Angelsachsen eine Personifikation
des Schwertes besonders geläufig war, hatten wir
schon früher gesehen, die Kenningar für „Kampf"
als „Spiel der Schwerter": sweorda gelác oder gelác, heađo-lác, sowie Schwerthass: ecg-hete und
billa brôga etc. lassen es wiederum durchblicken.
Die Waffe, in erster Linie das Schwert, gilt als
kostbarstes Erbstück, weshalb es auch kurzweg láf
oder yrfe-láf genannt wird.

Andere Umschreibungen der Waffen wie îren,
hring-îren für Schwert; lind für Schild, mᴥgen-
wudu, ᴥsc. ᴥsc-holt für den Speer leiten sich aus
dem betreffenden Material her. Auch Teile von
Waffen, wie „ecg"; welches eigentlich die Schneide
des Schwertes oder „ord" die Spitze bezeichnet,
„hring" für Brünne, „rand" der Rand des Schildes,
dienen als Bezeichnung für das Ganze.

In Á wie F ist das Bild einer Maske für Helm
bekannt. Die übrigen Benennungen umschreibender Art, wie eofor, swy̆n eal-gylden etc. weisen auf

heidnischen Kult zurück; sie erinnern an jene den Göttern heiligen Bilder, welche im Kampf dem Heere vorangetragen wurden, und die man später den Göttern zu Ehren als Helmzier verwandte.

Bei der Schilderung der Fahrt Beówulfs und seiner Gefährten ins Dänenland, mussten dem Dichter von Á die lebhaften Eindrücke, die das Leben in seiner alten Heimat in ihm zurückgelassen hatte, besonderen Anlass bieten, sich malerischer Ausdrücke zu bedienen. In anderen Teilen war die Gelegenheit hierzu weniger günstig, weshalb die Bezeichnungen auch nicht so mannigfaltig und poetisch erscheinen.

Bemerkenswert ist, dass umschreibende Benennungen wie „under wolcnum, under roderum, under heofnum" etc. für „auf Erden" wohl in Á und den jüngeren Versionen, aber nicht in F bekannt sind.

Es ist zu beobachten, dass im ganzen die älteren Versionen (besonders Á) eine grössere Vorliebe für Kenningar bekunden als die jüngeren, dass unter diesen aber wieder D und C hervorragen. Auch hierin wird man einen individuellen Zug erkennen dürfen.

Man sieht, dass die meisten Umschreibungen aller Teile des Epos zwar aus einer gleichen Grundanschauung hervorgehen, jedoch in den einzelnen Abschnitten öfter verschieden variiert werden. Wenn derartigen Unterschieden im Gebrauch eigentlicher wie umschreibender Benennungen ein durchaus gültiger Beweiswert für einen verschiedenen Ursprung der betreffenden Dichtungen nicht wohl beizumessen ist, so wird man sie doch ebensowenig

für r e i n z u f ä l l i g halten können. Es ist nicht
recht wahrscheinlich, dass ein Sänger, der heute
den Grendelkampf schilderte und sich dabei der
ihm offenbar geläufigen Ausdrücke wie aldor 4 brego
2 hleó 2 eodor 2 für König, guma 8 rinc 9 für
Krieger etc. bediente, bei einem andern Vortrage
über Beówulfsleben, wo es an ähnlichen Scenen
nicht fehlte, jene ihm nahe liegenden Bezeichnungen
überhaupt nicht verwendet haben sollte.

Man wird daher zugeben müssen, dass jene
Verschiedenheiten, wenn n i c h t n o t w e n d i g, so
doch r e c h t g u t ihre Erklärung finden in der Annahme einer gesonderten Lokalisation der Abschnitte Á und F des Beówulfliedes.

In derselben Weise wird man auch Ueberein-
stimmungen und Verschiedenheiten des Wortschatzes
zwischen den übrigen Teilen des Epos zu beurteilen
haben.

Mannigfache Beziehungen finden sich innerhalb
der Versionen B, D, E, und C, X, die nach t e n
B r i n k alle in Mercien [1]) entstanden sein sollen.
Als Anklänge führen wir, abgesehen von den aller-
gebräuchlichsten und überall wiederkehrenden Benennungen zunächst diejenigen auf, welche diesen
Abschnitten gemeinsam sind gegenüber den beiden
älteren Á und F, oder doch einer derselben. Da
diese jüngeren Teile sehr lückenhaft vorliegen, so
verzeichnen wir auch bemerkenswerte Ueberein-
stimmungen zwischen zweien unter ihnen. Es sind
etwa hervorzuheben:

---

[1]) Wobei man sich der »Mannigfaltigkeit der Stämme und Ge-
biete« erinnern muss, welche das grosse mercische Reich bildeten. (cf.
t e n B r i n k, Beówulf S. 233.

für den Menschen:

gumena bearn D X cf. ylda bearn B.

für gehen:

sécean, ges. B D E, zu vergleichen medu-wong tredan C
mit: sá-wong tredan E.

leben:

beáh-hordes oder lif wynna brúcan D E.

für reden:

gid wrecean D E, cf. gyddinn B.

töten:

ácwellan D E.

Tod:

feorh-bealo B E, cf. sweord-bealo D aldor-bealo C.
cf. lif-gedál C. ealdor-gedál B.

sterben:

vergl. ende gebidan woruld lifes X ende-dæg gebidan B.

für König:

brytta B D E hleó D E wig-, land-fruma B leód-fr. E, fengel
X (2) E.

für regieren:

dǽlan sceattas X dǽlan ringas E.

Krieger:

gestealla D E. rinc C (3) D (4) gesíd C (2) B E.
þeód B C D cempa B D C E. hǽle C (2) B E
hand-scalu C E.

für Kampf:

gewin B D. ecga gelác D, heaðo-gelác E beadu-lác C.
ecg-hete B. wig-hete E.

für Schwert:

ecg B D E X mèce B D X leóma D X.
hring-mǽl, broden-mǽl, wunden m. D hring- m C.

Brünne:

brægl B D.

Helm:

eofor D C.

M e e r :

brim B C. vgl. brim-streám F.

geofon D X ýd B D E. sund D X flóda begong C D.

ýd-geblond C X (2) sund-geblond X.

S c h i f f :

hringed stefna oder bunden st., sund-wudu, ceól B B E.

auf E r d e n :

under wolcnum B D X.

S o n n e :

rodores candel X_woruld-candel E.

' G r e n d e l :

ellor-gǽst B D X mearc-stapa BX.

G r e n d e l s M u t t e r :

brim-wylf C X, feorh-geníðla C D.

Es ist natürlich, dass es auch nicht an Beziehungen dieser jüngeren Teile zur Á-Dichtung
fehlt, da sie doch auf dieser beruhen, namentlich
C D X. An Á erinnern folgende Ausdrücke der
Gruppe C D X, die sich in F nicht finden:

beód-geneátas C, rinc C D X lind-hæbbend X hrægl D_fyrd-
ham X (cf. scír-ham Á) eofor D C (cf. eofor-lic in A) geofon D X
sund D X sund-wudu fámig heals D, under wolcnum D_X geond
þisne middan-geard X.

Schliesslich erwähnen wir noch Unterschiede
zwischen den jüngeren Versionen, die auf eine gewisse Selbständigkeit deuten können; so in :

C : scealc (2) brim-láde teón und eft-síð [teón, áglǽc-wíf.
Präterit. gang (3) Ingwine (2) für d. Dänen.

D : wrecca (2) torn gemót und hond gemót

X : be sǽm tweónum (2).

B : ángenga (2) hel-þegn (2) für Grendel.

Die Attribute für Grendel bekunden gerade
in B meist Einfluss christlicher Lehre z. B. :

hel-þegn, helle-hæfta, feónd on helle, godes and-saca, syn-scaða,

(die im geistlichen Epos häufig als Kenningar für
den Teufel auftreten).

Die jüngere Version des Drachenkampfes, G,
soll in der gleichen Sphäre wie Á entstanden sein.
Anklänge zeichen sich sowohl an Á wie F; z. B.
an letztere Dichtung:

cwealm (cf. F bealo-cwealm) hilde-hlemma, orleg-hwíl, lind.
an **A**: hæleða bearn (cf. ylda bearn Á) sēccan (7)
aldre benēotan, hláford (3) folces-hyrde, rinc (2)
byrnum werede, beadu, geatwe und getáwe, se lāþa (2)·

Daneben begegnen auch in G Unterschiede
sowohl gegen F wie Á und die übrigen jüngern
Versionen, mit welchen G bemerkenswerte Ueber-
einstimmungen überhaupt nicht aufzuweisen hat.
Auffallend ist es z. B. wenn sich in G neben christlichen Bezeichnungen für Gott, einmal der Plural
„þeódnas mǣre" findet, was deutlich heidnische Anschauung bekundet, die, wie bekannt, sich in
Mercien am längsten hielt. Es liegt daher nahe
hier an mercischen Einfluss zu denken. Im übrigen
deuten auf eine gewisse Eigenart in G hin: die
Ausdrücke für sterben, ferner:

ēþel-stōl-, brego-stōl healdan,

(womit zu vergleichen ist:

hord und rice, beágas und brego-stōl gebeódan) helm-berend
und wíd-, gúd—, uht-floga

für den Drachen.

Wenn ich versuche zum Schluss einen kurzen
Ueberblick über den kritischen Teil der vorliegenden Arbeit zu geben, so möchte ich weniger die
Ergebnisse im einzelnen hervorheben, die fast alle
mehr oder weniger relativ waren, wie dies bei dem
variablen Charakter des Volksepos kaum anders zu
erwarten ist. Es ergaben sich daher auch keine

Beweise für jene künstliche Ineinanderarbeitung
der einzelnen Teile, wie ten Brink sie für den
Beówulf, namentlich für das II. Abenteuer annahm.

Wichtiger scheint mir das allgemeine Resultat,
welches sich wohl passend dahin zusammen fassen
lässt:

Beachtenswerte Unterschiede in der Anwend-
ung formelhafter Elemente namentlich aber in Stil-
eigentümlichkeiten und Wortschatz zwischen den
nach ten Brink ältesten Teilen Á und F des
Beówulf und den übrigen jüngeren Partien, und
andererseits zwischen Á und F sind nicht zu verkennen. Sie sprechen gegen die Annahme:
dass unser Epos das einheitliche Werk eines
Dichters sei.

Sie lassen vielmehr auf ältere und jüngere
Bestandteile, sowie ein Entstehen derselben an gesonderten Orten, wenn nicht mit Gewissheit, so
doch mit grosser Wahrscheinlichkeit schliessen.

Anhang.

Der Umfang der einzelnen Versionen lässt sich nach ten Brinks Untersuchung ungefähr wie folgt angeben.

A. (incl. Einleitung) umfasst: Vs. 1–3. 64–79. 86–90a. 115–124. 126–7. 132–3. 135–7. 144–6. 159–63. 170–4. 194–204. 210–251a. 256b–272a. 286a. 287–298. 301–304. 307–76. 386–418. 426b–432. (433–41). 456–72. 489–558. 573–86 590–5. 597a. 600b–611. 644–63. 669–90. 710–13. 723–30. 739–54. 758–60a. 764b–69. 771–7. 791–92. 813–22. 825–31 833–6. dazu A aus dem II. Abenteuer: 925–9. 932–34a 946b– 949a. 953b–56. 1020–24. 1027–42. 1050–5 1787– 1802. 1813–25. 1834–5. 1840–65. 1870–73a 1880b– 81. 1888–1904.

B.: 16–52. 80–5. 99–114. 125. 128–31. 138–43. 147–58. 164–67. 189–93. 205–9. 305–6. 377–85. 442–55. 480–8. 559–73. 612–44; 664–68. 691–709. 714–22. 755–57. 770. 778–90. 804–812.

Interp.: 4–15. 53–63. 90b–98. 134 168–69. 175–88. 251b–256a. 272b–85. 299–300. 419–26a. 473–9. 574–7. 587–9. 596. 597b–600a. 731–8. 760b–64a. 793–803. 832. 823–4.

C.: 837–55a. 917b–22. 930–31. 934b–946a. 949b–53a. 980–96a. 1008b–1012. 1013–45. 1063. 1066–7. 1232b–41. 1251–7. 1259–60. 1277–80a. 1283–87. 1294–5. 1299b–1301. (1311–13). (1316–20). (1332–4). 1381. 1391. (1397–8). 1482–7. 1492–1500. 1536–40. 1556–68. 1569b. 1605b–1611. 1626–28. 1632–4. 1640–6. 1651–4. 1671–78. 1694–1722. 1782–86. 1873b–80a. 1882–3. aus III dazu 2177–89.

D.: 862–900. 956–79. 1013–19. 1025–6. 1046–9. 1064–5. 1068–1232a. 1302–10. 1335–44. 1455–72. 1483–91. 1508–13. 1518–36. 1541–56. 1612–17. 1639. 1649. 1655–70. 1681–83. 1688–1693. 1803–12. 1826–34. 1836–9. 1866–9. 1881–7. 1905–6. 1909.

X.: 1242—50. 1280b—2. 1288—91. 1296—9a. 1321—31.
1345—80. 1382—90. 1392—96. 1399—1403. 1408—1432a.
1411b—1454. 1474—1481. 1501—1507. 1514—17. 1570—90.
1618—20. 1623—5. 1629—31. 1635—8. 1647—8. 1650.
1684—7. 1769—81.

Interp.: 855b—61. 901—17a. 923—4. 996b—1008a, 1056—1162.
1261—76. 1258. 1292—3. 1314—15. (1404—7). (1432b—
41a). 1569a. 1591—1605a. 1621—22. 1679—80. 1723—
1768.

E.: 1907—8. 1910—24. 1963—2021a, 2072b—2106. 2111—
2166. 2169—71. 2190—99.

Interp.: 1925—1962. 2024b—72a. 2107—10. 2167—68. 2172—76.

F.: 2200—2203. 2207—12. 2233—71 **). 2278—80. 2295.
2300—3. 2312—26. 2401—2. 2410—20. 2425—34 **).
2490—2509. 2538—41. 2550—83a. 2593b—2630. 2661—
2759. 2767—70. 2773—77. 2779. 2783—2825. 2844—54.
2860—76. 2884—902a. 2906b—8a. 3007b—17. 3020—36a.
3074b—84. 3093—3100. 3110—19. 3137—47. 3157—9.
3161. 3164—73. 3181—83.

G.: * 2213—32. * 2287—90 * 2296—99 * 2304—2311. 2333—6.
2345—400. 2403—9. 2510—37. * (2542—49). 2631—60.
2760—6. (2771—72). 2836—43. 3038—57. 3069—73
3085—92. 3101—9. (3120—36). 3148—56. 3160. 3162—3.
3174—80.

Interp.: 2204—6. 2272—7. 2281—6. 2291—4. 2327—32. 2337—
44. 2412—6. 2422—4. 2435—89. 2583b—93a. 2778.
2780—2. 2826—35. 2855—9 2877—83. 2902b—6a. 2908b.
—3007a 3018—9. 3036b—37. 3058—68.

Die Schreibweise von H o l d e r in seiner Beówulfausgabe
wurde auch in der vorliegenden Arbeit beibehalten.

Lebenslauf.

Am 18. Januar 1869 wurde ich Gottfried
Sonnefeld als Sohn des Schlossermeisters
Johannes Sonnefeld und dessen Frau
Elise, geb. Schaffner, in Eisfeld (Sachs.-
Meiningen) geboren. Im evang. Glauben erzogen,
erhielt ich den ersten Unterricht in der Bürger-
schule meiner Vaterstadt, der ich vom 5. bis 10.
Lebensjahre angehörte. Zu Ostern 1879 trat ich
in die Privatschule des Herrn Dr. S. Schaffner zu
Gumperda bei Kahla (Sachs.-Altenburg) ein und
erlangte an derselben Ostern 1885 das Befähigungs-
zeugnis zum einjährig-freiwilligen Militärdienst. Nach
halbjähriger privater Vorbereitung besuchte ich
vom Herbst desselben Jahres bis Ostern 1888 das
herzogl. Realgymnasium zu Saalfeld, um dann nach
erworbenem Reifezeugnis meiner Militärpflicht beim
10. kgl. sächs. Inf.-Rgt. No. 134 in Leipzig Genüge
zu leisten. Im Sommersemester 1889 widmete ich
mich daselbst dem Studium der neueren Sprachen
und Geschichte und siedelte im Herbst zu gleichem
Zwecke nach Berlin über. Seit Ostern 1890 ge-
höre ich der Universität Strassburg an.

— — —

Inhalt.

Errata.

Seite 20 Zeile 2 von oben lies: lixtc se leóma, leóht etc.

„ 20 „ 7 „ unten „ 397—8.

„ 29 „ 11 „ „ „ flota wxs etc.

„ 49 „ 7 „ „ unter F lies: snûde etc.